华章经管

HZBOOKS | Economics Finance Business & Management

U0336131

· 投资者必读系列 ·

牛市简史

A 股五次大牛市的运行逻辑

王德伦 王亦奕 张日升 李家俊 等著

机械工业出版社
China Machine Press

图书在版编目（CIP）数据

牛市简史：A股五次大牛市的运行逻辑/王德伦等著. —北京：机械工业出版社，
2020.11（2021.12重印）
（投资者必读系列）

ISBN 978-7-111-66834-3

I. 牛… II. 王… III. 股票市场 – 研究 – 中国 IV. F832.51

中国版本图书馆CIP数据核字（2020）第207458号

牛市简史：A股五次大牛市的运行逻辑

出版发行：机械工业出版社（北京市西城区百万庄大街22号　邮政编码：100037）
责任编辑：杨熙越　　　　　　　　　　　　　　责任校对：殷　虹
印　　刷：北京诚信伟业印刷有限公司　　　　　版　　次：2021年12月第1版第7次印刷
开　　本：170mm×230mm　1/16　　　　　　　印　　张：15
书　　号：ISBN 978-7-111-66834-3　　　　　　定　　价：69.00元

客服电话：（010）88361066　88379833　68326294　　投稿热线：（010）88379007
华章网站：www.hzbook.com　　　　　　　　　　读者信箱：hzjg@hzbook.com

推荐序一

30 年风雨兼程，30 年辛勤耕耘。A 股市场已经建成由主板、创业板、科创板、新三板组成的多层次资本市场结构。30 年时间，A 股市场累计超过 4000 家企业实现 IPO，为实体企业提供首发、增发等多种形式的融资需求服务，总资金规模达到 15.8 万亿元。

作为中国资本市场参与者，当我回忆往昔，每轮牛熊转换和资本市场改革依然历历在目。30 年时间，A 股市场基础制度、优质上市公司、机构和个人投资者以及各类金融机构均取得了长足发展。现在，兴业证券经济与金融研究院策略研究团队对过去的权益市场做出了全面细致的梳理，撰写本书，为投资者回顾 A 股历史、展望未来发展提供了极其详细的资料，极具参考价值与意义。

《牛市简史》包含七章内容。第一章横向比较了五次大牛市，概述牛市的定义、牛市的宏观和板块共性、市场底部和顶部的特征、牛市启动和见顶的催化。第二章到第六章详细回顾了 1991～1993 年、1999～2001 年、

2005 ~ 2007 年、2008 ~ 2009 年、2013 ~ 2015 年五次大牛市。每次牛市上至宏观环境，下至领先行业和市场牛股，作者均细心梳理，可谓文思缜密。第七章对未来 A 股市场做出展望，在国家重视、居民配置、机构配置、全球配置等"四重奏"的条件下，有望实现长牛。纵观全书，兴业证券经济与金融研究院策略研究团队花费了巨大的心血，努力为读者还原真实的历史场景，帮助投资者亲身代入彼时的决策角色。对于专业读者，本书可以作为手边工具书，随时翻阅、帮助回忆；对于新入门的读者，本书可以作为 A 股投资教材，复盘和学习 A 股五次牛市历史。

向未来看，中国资本市场的步伐仍在大举迈进。国家从未如此重视资本市场，中央经济工作会议提出，"资本市场在金融运行中具有牵一发而动全身的作用"。全面注册制等股市基础制度日益完善，金融开放程度不断加深，中国资本市场与海外成熟市场的差距越来越小，作为金融从业人员，我们有幸与诸位读者身处中国最好的权益时代，拥抱时代机遇，共享中国红利。

2021 年是兴业证券的而立之年。伴随着中国资本市场一路走来，兴业证券从 1991 年福建兴业银行证券业务部的六尺柜台，发展成为一家全国性、综合类、创新型证券金融集团。站在当前，兴业证券正在财富管理和大机构业务的双轮驱动下，努力建设一流的证券金融集团。

兴业证券经济与金融研究院作为业内最早从事卖方研究的券商研究机构之一，大部分领域研究居于行业领先地位，在多家权威分析师评选中，多个研究小组入围前三名，并连续多年稳定在行业前五，稳居卖方研究第一阵营。研究院成为兴业证券"专业性"的一张名片，得到市场的一致认可，也希望未来能够为投资者带来更多洞察和帮助。

兴业证券集团的蓬勃成长离不开高速发展的中国资本市场，作为中国经济发展和资本市场红利的受益者，接下来兴业证券也将贯彻"兴业"之意，助力实体企业，加速新时代经济转型，为中国的社会主义现代化建设添砖加瓦！

祝愿各位读者温故而知新，投资顺利，业绩长红！

兴业证券经济与金融研究院院长　王斌

2020 年 11 月 9 日

推荐序二

　　在课堂上，经济史书籍一般都会占据我推荐书单的前排位置。这其实反映了一名金融学老师对经济金融理论的疑惑甚至不信任。现代的经济学思维范式承袭自古典物理，严谨的数学推导背后隐含着人类理性和市场均衡的公设。二级市场上的一次次牛熊转换不断地在拷问这些精美模型是否符合现实。经济学理论的公设是心理学和社会学的结论，而后者的研究出发点恐怕是生理学，再往底层探究恐怕就是人类学和生物学。然而这些学科都还在不断发展的过程中，因果关系的论断并不稳固，在不稳固的假设基础上推导出来的经济学结论当然也就不可靠。无怪乎我们很少看到理论经济学家在重要历史转折时刻有过准确的经济预测。如果有，也基本是蒙的。

　　在这样的背景下，从历史资料中去总结归纳市场发展的规律，显然是一个更切合实际的选择。我们看到的各大券商首席经济学家的分析预测报告，往往就是采用这种方法。没有人能够两次踏进同一条河流。机械地认为历史会不断重复，往往会落入刻舟求剑的困境。不同的市场观察者基于相同的历史信息所分析得出的预测往往是不同的，这其中的差异可能来自不同的思维范式、不同的人生经历，甚至不同的基因。一个有趣的例子是，颜值高的卖方分析师在预测 A 股上市公司每股盈余时的准确度确实比较高。另一个不怎么有趣的例子是，脸宽的对冲基金经理业绩一般不怎么样。后者甚至成了《经济学人》杂志的封面文章。我想，不同的读者在看到本书时对牛市历史的认知和感悟恐怕迥异。

本书是事实和观点的结合，它详细地回顾了过去 30 年 A 股市场的几次大牛市。书中翔实的资料使得它有成为金融从业者案头工具书的潜质。各位作者非常细致地分析了每次牛市过程中个股、板块以及大市的对应特征。中国经济基本面在过去 30 年中经历了巨变，影响着中国股市的监管机构、个人投资者、机构投资者甚至媒体，导致它们也都经历了漫长的进化过程。曾经叱咤风云的"德隆系"猛庄早已烟消云散，各种市场新势力正在悄然崛起，而个人投资者的经验和能力也随着时代更替而不断提升。因此，基于过去经验总结的市场规律在新形势下的适用性是有限的。

本书也揭示了一些有意思的规律，譬如牛市的必要不充分或者充分不必要条件。不管是早期的沪深两市竞争，还是近几次的官媒社论，牛市成立的一个必要条件都是政府层面的支持。然而 2015 年的股市剧烈震荡告诉我们，这并不是充分条件。类似的逻辑可能也适用于流动性。20 世纪 90 年代我从前辈们口中最常听到的一句话就是，首先要有量。这句话在特定场景下依然是有效的。读者们在阅读本书时可以留意一下这些有意思的细节。

新媒体突飞猛进的发展不仅改变了我们的阅读习惯，也改变了信息在市场上的传播速度和模式。从先知先觉者建仓到后知后觉者买单，所经历的时间已经显著缩短。个人投资者进场的方式从当年的"百万雄师下深圳"排队抢申购单，变成了现在网上看基金经理直播并通过第三方支付申购，单场数百亿元的申购额令市场老人唏嘘不已。当然，牛市的收尾过程和过去相比也可能更加突兀和剧烈。信息传播的快捷从各个方面改变了市场，有内涵的文字也许在发布之日后便丧失了其信息价值。所以，我建议读者们在拿到本书后应该第一时间开卷阅读，而不是把它当成书架上的藏品。

感谢德伦和兴业证券策略研究团队的诸位同人为读者奉献了这一本记录历史的好书！期待接下来即将展开的市场新篇章。

北京大学汇丰商学院副院长　欧阳良宜

2020 年 8 月于深圳

致　谢

　　感谢兴业证券策略研究团队的所有成员——李美岑、王亦奕、张兆、张勋、张日升、张媛、李家俊、杨震宇、吴峰，本书是团队成员的共同成果。同时，感谢周琳、孟一坤等已经有了新归宿的成员，正是大家共同的努力、勤奋的积累才使得研究成果能以更好的面貌展现出来。

　　感谢兴业证券经济与金融研究院的王斌院长，正是他一直以来努力营造的专业、专注的研究氛围、不懈的培养以及全力的支持才使得我们的研究员们能不断成长、专心研究、安心工作。本书也是在王斌院长的指导下完成的作品，同时还感谢他为本书倾情作序。

　　感谢兴业证券经济与金融研究院的所有领导和同事，在我们的策略研究工作中给予我们大量启发和案例，以及平时工作中的各方面支持。

　　感谢兴业证券的领导们，能够给予研究院巨大的支持，支持研究员们好好做研究，并在工作上取得成绩。

　　感谢北京大学汇丰商学院副院长欧阳良宜老师为本书作序，感谢著名经济学家任泽平先生、上海市社会科学联合会专职副主席权衡教授、前海开源基金首席经济学家杨德龙先生为本书作联合推荐。

感谢所有机构投资者客户，正是他们高标准、专业的需求才能促使我们不断进行更深入的研究，把问题思考得更深入、更全面。

还要感谢所有策略分析师同行，在一个近乎竞争最为激烈、知识跨度最广、研究难度最大、变化发生最多又最容易被"打脸"的领域，大家互相切磋、磨炼、碰撞才使得每个参与者都获得启发、共同进步。

特别感谢机械工业出版社华章分社的编辑杨熙越，正是在她的不断推动和鼓励下才有了本书以及《投资核心资产》的面世。在两本书的写作和出版过程中，她提供了大量非常专业、中肯的意见和建议，这对我们而言非常宝贵。还要感谢编辑殷嘉男，在时间紧、工作量大的情况下她辛勤工作，尽力让本书早日和大家见面。感谢出版社所有领导和同仁的支持和帮助，使得本书顺利出版，并且给予我们2020年年度优秀作者的荣誉。

最后要感谢我的家人们，他们的爱和鼓励使我永远充满干劲地工作。特别感谢我的妻子，证券分析师的工作需要投入巨量的时间和精力，她对家庭和孩子的辛勤付出为我创造了条件来做好研究，在保证做好工作的前提下，牺牲了所有用于休息的时间陪伴我。

本书的所有不足都是由本作者水平所限造成的，诚意接受各种指正和建议。

王德伦

前　言

　　夫以铜为镜，可以正衣冠；以古为镜，可以知兴替；以人为镜，可以明得失。

——《旧唐书·魏征传》

　　自从1990年上海证券交易所（上交所）和深圳证券交易所（深交所）成立以来，A股市场已经走过了30个年头，步入了"而立之年"。回顾这30年以来，中国一跃成为世界第二大经济体，宏观经济从"人口红利"转向"改革红利"与"开放红利"，从"四万亿"的强力刺激转向供给侧改革的结构优化，从地产基建的老路子转向追寻经济高质量发展，其间也经历了通胀高企、投资过热、金融危机、产能过剩等困境与低潮时期。在这个过程中，A股市场一直为实体经济提供支持，并且一同见证了中国宏观经济和资本市场的发展历程。

　　在过去30年的历程中，A股市场已经从最初的"老八股"，发展成为拥有近4000只股票、总市值仅次于美国的全球第二大股票市场；从双轨制到国有股全流通，从市场投机氛围浓厚、庄股横行到交易制度与监管体系日益规范完善，从"炒新""炒小""炒壳"到拥抱"价值白马"与"核心资产"，从以散户为主到逐步迎来机构化的进程。中国股市的国际化程度也在不断提升，沪深港通制度的开通极大地拓宽了外资参与 A 股市场的便利性，2019 年年底时外资通过陆股通的持股市值已经超过 1.4 万亿元，A 股被相继纳入 MSCI（明晟）、FTSE（富时罗素）、标普道琼斯等国际指数家族，这也是 A 股市场国际影响力与日俱增的一种体现。总而言之，A 股市场一直在不断地演化与成长。

展望未来，我们兴业证券经济与金融研究院策略研究团队前瞻性地做出了一系列重要判断，如投资核心资产，外资流入重塑 A 股生态，金融开放带来巨大红利，拥抱资产配置的权益时代等，已经被市场逐步验证，认可的人越来越多，也为很多投资者的投资决策带来了实用价值，未来将会持续作用。除了上述几个判断之外，还有一个大趋势，即未来 10 年从国别比较与全球资产配置的视角来看，全球最好的资产在中国，而中国最好的资产将是权益类资产。2008 年金融海啸之后，随着美国经济率先恢复，全球资金竞相配置美国资产，美股、美元、美债维持了长达 10 年的长期向上的趋势，美国三大股指更是齐创新高，给投资者们带来了丰厚的回报。目前全球许多主要经济体进入了"零利率""负利率"时代，"资产荒"在全球蔓延，全球的资产配置格局都面临重构，中国的资产有没有可能迎来系统性的大机会？

从经济发展的整体趋势看，中国经济基本面稳健，2020 年年初疫情得到良好、快速管控，之后顺利进入全面复产复工，全球最大的消费市场叠加相对独立完整的工业产品体系，在疫情冲击之下，相比全球其他地区中国展现出巨大的体制优势，经济已经进入高质量发展阶段。从结构与转型的角度看，中国正处在新一轮科技创新周期的开始阶段，新一代信息技术、5G 产业链、新能源汽车、量子通信等重要新兴产业与创新行业生机蓬勃，多个技术创新领域紧跟世界先进脚步甚至部分达到同步，新产业、新技术、新模式、新生态层出不穷，新经济与新动能有望承接传统的制造业、房地产和基建产业，逐步成为驱动经济增长的新引擎。

从制度与改革的角度看，科创板、创业板注册制和新三板精选层等一系列股市制度改革相继推出，将为资本市场带来巨大的制度红利，引得"源头活水来"，将结构转型映射到股票市场。再如要素市场化改革，在各项改革中具有枢纽作用，有牵一发而动全身的意义，其深入推进将为经济和股市奠定坚实的基础。此外金融市场稳步扩大开放，带来"开放的红利"，监管机制不断完善和健全，利好股市发展的政策源源不断。

从股票市场自身来看，和10年前相比指数依然维持在3000点附近，近10年来的涨幅不但和美欧等发达市场相比处在低位，而且和印度等新兴市场相比也处在低位，"水往低处流"，中国股市有望在这一轮全球资金再配置过程中最为受益，而且大量优质的"核心资产"已经脱颖而出，有望成为牵引市场持续向好的火车头。在各方合力下，我们认为中国股市已经迎来历史上的第一次"长牛"。

著名历史学家克罗齐说："一切历史都是当代史。"马克·吐温也有句经常被引用的名言："历史不会重复，但是会押着相同的韵脚。"霍华德·马克斯在《周期》一书中，也论证了金融市场具有鲜明的周期性和反复性。历史是最好的老师，在周期性极强的股票市场中更是如此。A股市场有哪些规律性的运行趋势？如何根据宏观环境变化找准股票市场的脉搏和节奏？怎样把握未来中国股市第一次"长牛"带来的巨大机遇？笔者认为，一个最方便而有效的方法就是复盘！复盘A股30年来的主要运行特点与市场特征，复盘牛熊拐点背后的经济、政策及制度驱动力，复盘强势行业或板块表现的原因和逻辑。研究问题要抓住主要矛盾以及矛盾的主要方面，过去30年间中国股市经历的几轮牛熊是我们可参考的最宝贵的研究财富，我们决定以牛市为抓手，进行深入剖析。

A股市场共经历了五次非常有参考价值的大级别牛市，每次大牛市的起因背景、行情节奏、驱动力、市场风格均不尽相同，只有深度剖析股票市场的动态演化过程，还原到当时的具体环境和条件之下，才有可能真正理解和掌握 A 股市场的运行逻辑和投资机会，这正是我们写作本书的初衷。本书研究的主要目的，就是力图通过历史比较来理解过去，推测未来可能发生的变化。在自然科学领域，可以通过做实验来理解和推断，但是在社会科学领域没有实验室，学习历史经验和教训是一种替代的研究方式。A 股市场 30 年来五次大牛市以及伴随的牛熊切换，便是中国股票史留给广大投资者的最宝贵礼物，我们要充分运用好，如同对待"高考真题"一般，挖掘越深，获益越大。

本书主要基于经济基本面、资金流动性和市场风险偏好，在区分长、中、短期的基础上结合市场微观结构等角度，运用"自上而下"与"自下而上"相结合的方法，打通宏观—中观—微观视角，搭建了从经济到行业再到个股的完整策略投资框架与分析体系。本书研究的主要任务，是力争找出在每次大牛市之中那些最重要的驱动事件及其发生的先后顺序和相似程度，也就是说，本书的重点是力争搞清五次大牛市发生前宏观基本面与流动性的相似性，刻画出在这样的背景下政府政策行为以及投资者的心理反应，描述五次大牛市的发展轨迹，找到超额收益和风险因素的来源，从而为应对和把握下一次大牛市的投资决策提供依据。

本书详细剖析了 A 股市场历史上五次大牛市（分别为 1991 ~ 1993 年、1999 ~ 2001 年、2005 ~ 2007 年、2008 ~ 2009 年、2013 ~ 2015 年）的宏观背景与诞生原因，对当时股票市场的基本面、资金面、政策面等情况均做了细致的梳理与分析，对市场的行情节奏、交易特征、风格表现等方面均进行了深入的探索，并对每次牛市中的强势行业与个股表现开展了系统的分析，也对后续牛市终结和牛熊切换进行了研究。由于每一次大牛市的驱动力和表现特征均有所不同，因而在分析时我们对每一章的结构在总体保持一致的前提下又有灵活变化，对影响每一次牛市中重要驱动力的变化会着重分析，把分析框架的进化过程展示给大家。

本书具有以下几个特点：其一，与其他回顾股市历史的文章或书籍相比，本书不聚焦于股市发生的历史故事，而是从证券分析师的视角出发。因为分析师日常撰写研究报告的对象是机构投资者，包括公募基金、保险资产管理公司、社保基金理事会、外资投资机构等专业机构，所以我们立足专业分析，以经济学和金融学作为基本分析框架，综合运用行为金融、财务分析、管理战略等学科知识，因而本书可能会相对枯燥或者缺乏趣味性，但是读者"啃"完后会更有成就感。其二，本书具有一定的理论价值，每一轮牛熊的分析不仅仅是搞明白过程，更是去挖掘其背后的逻辑，帮读者一起去搭建专业、完整的投资分析框架，结合实例来演绎框架中的每一个要素如何发挥影响，正所谓"授人以鱼不如授人以渔"。掌握这些方法之后，面对市场的不确定性，读者能够掌握更多思考的武器。其三，本书具有较高的实战价值，在宏观经济流动性等理论分析之外，我们结合了具体的公司、行业、事件、政策来进行分析，向读者展示如何把理论框架与股票市场的现实表现相结合。

本书是兴业证券经济与金融研究院策略研究团队集体智慧的结晶。全书内容由团队成员集体讨论、创作完成，成员包括王德伦、李美岑、王亦奕、张兆、张勋、张日升、李家俊、张媛等，最后由王德伦统稿。正如《两次全球大危机的比较研究》所说："历史重复有线性的方式，也有非线性的方式，有符合逻辑的精准变化规律，也有逻辑不清的意外变化，甚至还有很多无法解释的历史困惑。"在股票市场中这一点尤为鲜明。由于水平和研究能力所限，本书难免出现疏漏之处，所提观点仅代表一家之言，还请读者朋友们多提意见、多多谅解。需要再次强调的是，文中提到的所有公司均是作为研究的案例，并不是推荐公司股票，不代表股票推荐。凡是对未来做预判都有很大的犯错风险，但是，笔者不想因为怕出错，而放弃分享这些我们认为非常具有价值的思考成果。独乐乐不如众乐乐，与君共勉。

作者简介

王德伦

兴业证券董事总经理，兴证资管首席经济学家，曾任兴业证券首席策略分析师，经济与金融研究院院长助理，策略研究中心总经理。

从事证券研究十余年，入选"上海青年金才"，清华大学经济管理学院金融硕士行业导师，网易青年经济学家峰会创始成员，曾就职于国泰君安证券和申万证券研究所，带领团队在多项外部权威分析师评选中连续多年、每年多次取得优秀成绩。

2020年"新财富"最佳分析师策略研究第三名，"金牛奖"最具价值金牛分析师，首届21世纪金牌分析师策略研究第三名，新浪"金麒麟"最佳分析师策略研究第四名，《上海证券报》最佳投资策略分析师第五名，iFinD 2020年度最具影响力分析师；2019年"新财富"最佳分析师策略研究第三名，首届《上海证券报》最佳投资策略分析师第二名，全国唯一"最受银行客户认可行研分析师"，《投资时报》金禧奖"2019金融业杰出青年"，第一届新浪金麒麟最佳策略分析师第三名，"水晶球"最佳策略分析师第四名；2018年"金牛奖"最具价值金牛分析师，第一财经最佳分析师策略第一名，"水晶球"第二名；2017年"新财富"第三名，中国保险资产管理业最受欢迎卖方分析师"IAMAC"奖策略研究第二名，"金牛奖"第四名，"水晶球"第五名；2016年"IAMAC"奖第二名，

"金牛奖"第四名；2015 年"新财富"第一名，"水晶球"第二名，"金牛奖"第四名，"IAMAC"奖第二名，Wind 金牌分析师全民票选第一名；2014 年"新财富"第二名，"水晶球"第三名，"金牛奖"第三名，"IAMAC"奖第二名；2013 年"金牛奖"第四名。

2014 年以来领先市场判断出大牛市行情，成功把握每一轮的强势行业。2016 年准确把握 6 月起的"吃饭行情"；2017 年判断出外资是驱动消费白马行情的重要原因；2018 年看到以技术创新型大企业为代表的"大创新时代"投资机会；2019 年提出"外资颠覆 A 股""核心资产独立牛市""开放的红利""拥抱权益时代""A 股长牛"等重要论断；2020 年精准判断"蓝筹搭台、成长唱戏"行情，提出 A 股"在蛰伏中孕育生机"，开创性地构建了"立体博弈"策略分析框架，在此基础上结合 DDM 模型和投资时钟理论，并以扎实的行业公司研究功底重新构建了大势研判、行业比较和主题策划等支柱性策略研究方法论体系，在"商业模式与企业价值创造"领域的研究具有特色优势并在业内领先，著有报告集《中国商业模式手册》、书籍《投资核心资产：在股市长牛中实现超额收益》等。

王亦奕

美国杜兰大学金融学硕士，兴业证券资深策略分析师、主题投资组负责人。

从事养老金、主权财富基金等国际国内机构投资者研究，对新能源汽车、一带一路、国企改革、乡村振兴等主题领域有深入研究，并已建立多个市场上独有的数据库。

张日升

对外经济贸易大学金融硕士，中信建投证券策略研究高级经理，曾就职于兴证策略团队。

主要负责大势研判及科创板研究，擅长从市场流动性、机构投资者行为、市场交易结构与特征等角度综合研究。

李家俊

上海财经大学金融硕士，中信建投证券策略研究员，曾就职于兴证策略团队。

主要负责大势研判及外资、投资者结构研究，对外资领域深入研究，对金融开放、市场风格、投资者结构、机构化进程等领域较为熟悉。

目　录

第一章

五次 A 股大牛市的比较研究

第一节　牛市的定义

　　一千个人眼中有一千个哈姆雷特，不同的人心目中对牛市的定义也不同。一般来说，价格长期呈上涨趋势的市场就是牛市。但是对于持续多长时间、涨幅多少才能算作牛市，并没有统一的观点。在实践中，有人认为大盘涨幅超过 20% 即可以认为是牛市，也有人认为指数涨幅达 50% 才可认为是牛市。本书选取了 A 股历史上五次"持续时间接近或超过一年、股指实现翻倍"的大牛市作为研究对象，时间段分别为 1991 ～ 1993 年、1999 ～ 2001 年、2005 ～ 2007 年、2008 ～ 2009 年、2013 ～ 2015 年。

　　从涨幅和持续时间来看，第一次牛市沪市上涨 1353%，持续 21.4 个月，深市上涨 723%，持续 17.8 个月；其余四次牛市沪市分别上涨 110%（25.3 个月）、

501%（28.8 个月）、103%（9.1 个月）、155%（11.9 个月），另外第五次牛市中创业板上涨 571%（30.4 个月）。具体的五次牛市指标详见表 1-1。

从个股涨幅分布来看，除了第一次牛市股票数量少且多数股票上市时间接近牛市尾声外，其余四次牛市中个股价格大多翻倍，甚至是原来价格的 2 ～ 10 倍。第二次至第四次牛市，实现翻倍的股票占比分别为 48%、89%、84%，第五次牛市中主板和中小板实现翻倍的比例为 89%，创业板的比例为 98%。

其实，若以股指翻倍为标准，则 A 股一共有八次大级别牛市行情，但是 20 世纪 90 年代早期市场尚不成熟，股市制度建设仍处于初级阶段，上市公司数量有限，前几次牛市的驱动力和特征大同小异。由于 1991 ～ 1993 年的第一次和第二次指数翻倍行情在时间上接近、逻辑上一脉相承，可以算作同一次大牛市中的两个波段，因而笔者把它们合并成第一次大牛市作为详细分析的范本。对 1994 年、1996 年的两次指数翻倍行情，本书只做简单介绍，厘清过程，帮助读者见微知著。此外，第一次大牛市中沪、深两市较为独立，我们将分别对两市进行行情回顾与分析；第五次大牛市（2013 ～ 2015 年）创业板与主板行情差异较大，因此我们对两个板块单独梳理，尤其关注成长、小盘风格与价值、大盘风格的切换。

第二节　五次大牛市宏观上的共性

我国股票市场历史上五次大牛市在宏观方面的共性特征总结见表 1-2。五次大牛市与经济、通胀、流动性等单一变量间没有必然联系。

- 经济 2 次上行，2 次下行，1 次深 V 反转。即使经济差，股市也可以走牛，例如 1999 ～ 2001 年和 2013 ～ 2015 年。

- 通胀 1 次上行，3 次下行，1 次 CPI（消费者物价指数）和 PPI（生产者物价指数）分化。1999 ～ 2001 年、2008 ～ 2009 年、2013 ～ 2015 年，宏观环境处于通缩或者走向低通胀的过程，市场维持上行趋势。

表 1-1 A股历史上五次大牛市指标一览

	第一次		第二次	第三次	第四次	第五次	
代表指数	上证综指	深证成指	上证综指	上证综指	上证综指	上证综指	创业板指
起点日期	1991-05-16	1991-09-06	1999-05-17	2005-06-03	2008-11-04	2014-06-19	2012-12-03
顶点日期	1993-02-15	1993-02-22	2001-06-13	2007-10-16	2009-08-04	2015-06-12	2015-06-03
上涨时长（个月）	21.4	17.8	25.3	28.8	9.1	11.9	30.4
回落日期	1993-03-31	1993-07-21	2002-01-28	2008-10-27	2009-08-31	2016-01-28	2016-01-27
下跌时长（个月）	1.5	5.0	7.6	12.6	0.9	7.7	7.9
起点点位	105.77	402.50	1065.56	1013.64	1706.70	2023.74	593.66
顶点点位	1536.82	3311.7	2242.42	6092.06	3471.44	5166.35	3982.25
估值变化	—	—	75%	233%	163%	155%	378%
盈利变化	—	—	20%	81%	-23%	—	40%
涨幅	1353%	723%	110%	501%	103%	155%	571%
下跌后点位	925.91	1778.62	1359.55	1723.35	2667.75	2655.66	1997.47
跌幅	-40%	-46%	-39%	-72%	-23%	-49%	-50%
累计涨跌幅	775%	342%	28%	70%	56%	31%	236%
走势							
股票数量（只）	32	20	1014	1446	1561	2254	462
收益中位数	129%	86%	97%	385%	171%	203%	378%
个股分布							
<1倍	47%	60%	52%	11%	16%	11%	2%
1~2倍	9%	20%	36%	10%	47%	38%	7%
2~3倍	0%	5%	9%	16%	27%	13%	15%
3~4倍	0%	0%	2%	15%	6%	5%	11%
4~5倍	16%	0%	1%	13%	3%	5%	14%
5~10倍	22%	15%	0%	25%	1%	4%	36%
>10倍	6%	0%	0%	10%	0%	0%	14%

表 1-2　五次大牛市在宏观方面的共性特征总结

指标	数据类型/变化情况	1991～1993 年	1999～2001 年	2005～2007 年	2008～2009 年	2013～2015 年
总结		经济上行、通胀新入高位。"价格闯关"、货币政策"繁松一紧"	经济阶段性底部、CPI 由负转正、PPI 倒 V 形深入通缩。货币政策边际放松	经济上行、CPI 逐级攀升、PPI 高位企稳、流动性被动扩张。央行持续紧缩货币	经济深 V 反转、CPI 下滑、PPI 下滑后企稳回暖、流动性先紧后松	经济下行、CPI 处于低位、PPI 处于通缩、2013 年两次"钱荒"后、流动性持续宽松
增长	经济 2 次上行、2 次深 V 反转、1 次深 V 下行、成为飞腾的核心驱动力	经济上行。GDP 增速从 1992 年 3 月的 13.6% 升至 1993 年 3 月的 15.3%。彼时 A 股增长少、业绩高速增长、1992 年改革开放释放经济活力、成为飞腾的核心驱动力	经济阶段性底部。GDP 增速在 7%～8%、是 1993～2006 年经济探底。2000～2001 年 A 股业绩增速降至个位数。国企改革化解危机、大进水、国企改革形成深化、朱镕基总理治理经济金融乱象	经济上行。GDP 增速从 2005 年 1 月的 11.1% 升至 2007 年 6 月的 150.0%。A 股业绩从负增长转为 50% 以上的高增长。中国大规模城镇化和基建地产刺激、叠加美联储全球宽松预测、推动全球大牛市	经济深 V 反转。GDP 和 A 股业绩增速经历 "11.5%－6.4%－11.9%" 的深 V 反转 "17.5%－（－26.2%）－25.0%" 的深 V 反转。美联储流动性收紧刺破次贷泡沫、中国出台"四万亿"救市计划	经济逐级下台阶、降至 7% 以下。上市公司业绩进入"新常态"、国内经济进入"新常态"、政策以稳为主、房价下台阶、投资的轴心地产在下行周期
GDP	当季同比	16% / 14% / 12%（1991—1993）	10% / 8%（1999—2001）	15% / 13% / 11%（2005—2007）	13% / 11% / 9% / 7% / 5%（2008—2009）	8% / 7%（2013—2015）
工业增加值	累计同比	（1991—1993）	12% / 11% / 10% / 9% / 8%（1999—2001）	20% / 18% / 16% / 14%（2005—2007）	12% / 10%（2008—2009）	10% / 9%（2013—2015）
全部 A 股净利润	累计同比	150% / 100% / 50%（1991—1993）	40% / 20% / 0% / -20% / -40%（1999—2001）	100% / 80% / 60% / 40% / 20% / 0%（2005—2007）	40% / 20% / 0% / -20%（2008—2009）	20% / 10%（2013—2015）
通胀	通胀 1 次上行、3 次下行、1 次 CPI 和 PPI 分化	通胀新入高位。CPI 从 1991 年 2 月的 1.0%、增至 1993 年 12 月的 18.8%。经济过热始终贯穿在 20 世纪 90 年代初的发展过程之中	CPI 由负转正、PPI 倒 V 形陷入通缩。共同 CPI 维持在 2% 以下、且 21 个月为负（大约 2/3 的时间）	CPI 逐级攀升、PPI 高位回落。受到猪周期影响、持续走高。规范流动性收紧、治理过热的背景下、从高位回落	CPI 下滑、PPI 下行后回暖。CPI 从 2008 年 2 月的 8.7% 降至 2009 年 7 月的 -1.8%、次贷危机导致 PPI 急跌。后政策刺激回暖	CPI 处于低位、PPI 通缩。地产周期回落、需求不振、呈现通缩态势。2014 年 10 月 PPI 加速下行、从 -2% 降至 -5% 左右

指标	统计口径	1991~1993	1999~2001	2005~2007	2008~2009	2013~2015
CPI	当月同比					
PPI	当月同比					
流动性		货币政策"紧—松—紧"。1988年价格双轨制改革出现抢购潮。各地投资过热。收紧货币；1993年出现通胀，四高、四热、四乱、四紧。领导层治理通胀。贷款加息1次	货币政策边际放松。经济出现通缩。1996~1999年7次降息。2次降准。其中，1999年6月10日降息和1999年11月21日降准发生在牛市期间	流动性被动扩张。央行持续紧缩货币，贸易顺差扩大。人民币升值，外部热钱流入。流动性扩张。8次加息、13次提准，同时采取央行发行央票等手段回收货币	流动性先紧后松。2008年上半年央行6次提准，以应对外部热钱流入、经济过热、通胀上行。下半年政策转向宽松。央行4次降准、5次降息	2013年两次"钱荒"后，流动性持续宽松。针对政府推出"四万亿"计划后的金融风险、地方政府债务、经济潜在增长问题。2011年后货币政策收紧，2013年后经济呈现增长乏力，流动性宽松
1年期同侬利率	月度均值					
M2	当月同比					
贷款余额	当月同比					

- 流动性 3 次走向宽松，2 次逐步收紧。流动性收紧、贴现率上升不代表金融资产价格必然下挫，比如 1991～1993 年、2005～2007 年流动性收紧，市场亦迎来大牛市。

我们判断市场的基本框架来自证券投资学中的股利贴现模型（DDM 模型），并对这一模型进行了适当的变形以更好地阐述观点。股票的内在价值 V 由 3 个因素决定：分子端代表经济基本面及企业盈利，具体来看又由资本、净资产收益率（ROE）、分红率（d）构成。分母端由无风险利率（r_f）及风险溢价两部分构成。无风险利率与市场流动性互为表里，流动性越宽松，无风险利率越低。风险溢价由股票自身的贝塔系数（β）、风险评价以及投资者的风险偏好共同决定，投资者的风险偏好越高（投资者对相同预期收益要求的风险补偿越低），则风险溢价越低。将股票第 t 期的股利根据无风险利率和风险溢价进行贴现后再加总，便得到股票的内在价值 V。

$$V = \sum_{t=1}^{\infty} \frac{（资本 \times ROE \times d）_t}{[1 + r_f + \beta \times 风险评价 / 风险偏好]^t} \qquad (1\text{-}1)$$

- 当分子端走弱（经济和企业盈利下行）时，如果分母端下降（流动性宽松、风险偏好抬升）快于分子端，那么资产价格可能仍将上行。例如 1999～2001 年经济增速进入阶段性底部，1996～1999 年央行 7 次降息、2 次降准，结合彼时互联网热潮，上证综指上涨 110%；2013～2015 年经济陷入通缩，GDP 增速跌落 7% 以下，但经济"新常态"嵌入人心，央行 5 次降息、4 次降准，叠加杠杆资金效应，上证综指上涨 155%，创业板指上涨 571%。

- 若流动性收紧，而分子端足够强劲（经济持续向好）或者分母端存在其他对冲（风险偏好抬升），资本市场可能继续表现良好。例如 1991～1993 年经济走向过热，出现四热（房地产热、开发区热、集资热、股票热）、四高（高投资膨胀、高工业增长、高货币发行和信贷投放、高物价上涨）、四紧（交通运输紧张、能源紧张、重要原材料紧张、资金紧张）、一乱（经济秩序特别是金融秩序混乱），政府出手治理通胀，贷款利率加息 1 次，而市场受益于改革开放带来的增长红利，政策暖风频吹抬升了投资者的风险偏好，上证综指和深证成指分别上涨 1353%、723%；2005 ～ 2007 年中国大规模城镇化和基建地产刺激，叠加美联储全球宽松潮，GDP 增速从 2005 年 3 月的 11.1% 升至 2007 年 6 月的 15.0%，A 股业绩从负增长转为 50% 以上高增长，尽管央行 8 次加息，13 次提准，同时采取发行央票等手段回收货币，但是上证综指在强劲基本面推动下仍然上涨 501%。

- 当分子端和分母端共振向好时（经济上行、流动性宽松），市场往往表现优异。例如 2008 ～ 2009 年，美国次贷危机导致全球总需求骤降，国内陷入通缩境地，政府推出"四万亿"计划以及央行 4 次降准、5 次降息，中国经济深 V 反转，经济上行与流动性宽松共振，上证综指在全球金融危机的大环境下依然大涨 103%。

当经济或者流动性成为牛市的主驱动力时，两大驱动力的拐点事件往往成为市场见顶的重要催化剂，具体来看：

1）1991 ～ 1993 年、2005 ～ 2007 年、2008 ～ 2009 年牛市见顶时，经济处于过热后的滞胀，增长放缓、通胀高企，宏观调控政策持续收紧降温成为牛市终结的重要原因。

2）1999 ～ 2001 年、2013 ～ 2015 年牛市主要由流动性与市场环境宽松驱动，资产重组、科技等题材火热，当市场逐步见顶时，监管政策收紧成为牛市终结的主要原因。1999 ～ 2001 年牛市终结于公司股价操纵或财务造假东窗事发和证监会加强对股价操纵、财务造假的打压，2013 ～ 2015 年牛市终结于证监会严查场外配资，致使"杠杆牛"泡沫破灭。

3）需要补充说明的是，牛市都会有结束的那一天，牛市结束的原因并不是单一的或纯粹外生的，牛市自身就孕育着自我结束的基因，正如霍华德·马克斯在《周期》中所说，"有的时候市场是由于自身重力太大而掉落下来的"。我们对牛市从顶点滑落的原因进行分析可以发现，直接引起牛市结束的事件更像是"催化剂"，而不是导致牛市终结的本质力量。例如 2015 年"杠杆牛"的泡沫破裂，本质是牛市的力量走到了尽头，市场微观结构恶化，周期的钟摆走到了极端，自然会向中点回摆。严查场外配资只是"压倒骆驼的最后一根稻草"，并不是终结牛市的主要原因。相反，对财务造假、操纵股价、违规配资等进行规范，是维持市场健康运行、投资者获得合理回报的重要制度保障。

第三节　每次牛市底部和顶部交易特征

综合五次牛市，每次行情的起点处，A 股情绪往往都处在极度低迷状态，估值和换手率位于历史相对低位；当 A 股从低迷到火热、逐步走向顶部时，估值和换手率都来到了阶段高点，顶部的估值和换手率接近底部的 2 ～ 3 倍（见表 1-3）。

以第一次牛市的第二波上涨（1992 年 11 月 ～ 1993 年 2 月）为例：①市盈率方面，1992 年 5 月 1 日至 5 月 20 日，上证综指平均市盈率达到 257 倍，5 月 25 日达到峰值 502.7 倍，随后市场逐级回落，至 11 月 17 日，上证综指市盈率仅为 54.77 倍，即当时最低点，接近顶点的 1/10。第二波上涨开启后，1993 年 2 月上证综指市盈率回升至 200 倍以上（见图 1-1）。②换手率方面，上证综指在 1992 年 11 月第一周的日均换手率降至 11.1%，为峰值时的 1/5。新股上市以及第二波市场上涨使得市场换手率重新回到 50% 以上（见图 1-2）。

表1-3　后四次牛市的底部和顶部时间、换手率及估值历史分位数

	第二次牛市			第三次牛市			第四次牛市			第五次牛市		
	时间	换手率	估值历史分位数	时间	换手率	估值历史分位数	时间	换手率	估值历史分位数	时间	换手率	估值历史分位数
底部	1999-05-17	0.62%	93%	2005-06-03	0.57%	89%	2008-11-04	0.76%	81%	2014-06-19	0.23%	100%
顶部	2001-06-13	0.96%	79%	2007-10-16	1.46%	48%	2009-08-04	1.89%	37%	2015-06-12	1.95%	27%
	时间	PE	估值历史分位数	时间	PE	估值历史分位数	时间	PE	估值历史分位数	时间	PE	估值历史分位数
底部	1999-05-17	37.2	55.6%	2005-06-03	16.5	100.0%	2008-11-04	13.1	100.0%	2014-06-19	9.0	100%
顶部	2001-06-13	65.2	1.2%	2007-10-16	55.0	13.2%	2009-08-04	34.5	60.9%	2015-06-12	23.0	60.5%

注：换手率为底部和顶部前20天日均换手率，PE（Price to Earning Ratio，市盈率）为底部和顶部当日数据，估值历史分位数以来分位数，数值越大表明所处历史水平越低；1995年前市场数据波动较大，不具备太多参考意义，因此未包含第一次牛市的数据。

上证综指与市场市盈率的关系

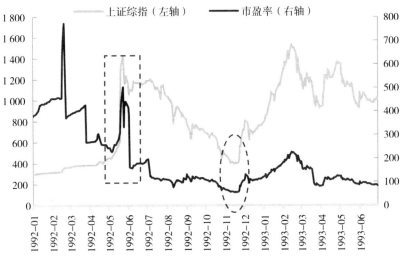

图 1-1　第一次牛市上证综指与市场市盈率的关系

资料来源：Wind，兴业证券经济与金融研究院。

上证综指与市场换手率的关系

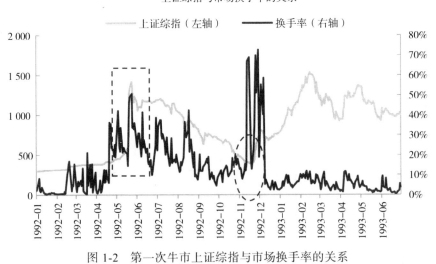

图 1-2　第一次牛市上证综指与市场换手率的关系

资料来源：Wind，兴业证券经济与金融研究院。

第四节　启动和见顶的催化事件

五次大牛市启动前，市场大都处于极端低迷状态，事件的催化成为市场向上的拐点；五次牛市见顶时，市场的估值和交易热度前所未有地高涨，此时任何负面事件的风吹草动，都可能成为"压垮骆驼的最后一根稻草"。融资政策、资本市场政策、宏观调控政策的调整曾先后成为过去五次牛市启动和见顶的标志（见表 1-4）。

融资政策

IPO 是过去影响市场资金供需的重要变量，监管层不断在投资和融资两端做平衡。过量融资是牛市顶部下行压力的重要来源，例如 1993 年沪深两市快速扩容，稀释了市场个股交易量；2007 年牛市以"两桶油"为代表的"巨无霸"纷纷上市，致使蓝筹泡沫破裂；2015 年中国核电、国泰君安巨量 IPO，冻结 4 万亿元资金。

当市场快速下跌时，监管层可能将暂停 IPO 作为维稳工具之一，例如 2008 ～ 2009 年牛市，暂停 IPO 成为市场快速反弹的催化剂之一。另外，2014 年牛市，再融资、重组、减持政策放松促成一、二级市场"套利"，成为中小板和创业板并购行情的助推器。

资本市场政策

资本市场政策调整源于资本市场不断发展的内在需求，它是市场调控的工具之一。资本市场深化改革成为牛市开启的重要信号。例如 1999 年，推动证券市场发展的六点意见，促进第二次牛市开启；2005 年 4 月证监会发布《关于上市公司股权分置改革试点有关问题的通知》，股改试点启动，是资本市场第三次牛市的开端。

资本市场监管的加强以及交易费用上调，则会降低市场热度，致使牛市见顶，例如 2015 年证监会要求证券公司对外部接入进行自查，清理场外配资；2007 年，证券交易印花税从 1‰调整为 3‰，是牛市结束的重要原因之一。

表1-4 五次大牛市启动和见顶的催化信息

项目	第一次牛市	第二次牛市	第三次牛市	第四次牛市	第五次牛市
启动	1. 上交所全部股票放开涨跌幅限制；深交所启动救市 2. 深市扩容，"打新"潮开始 3. 邓小平南方视察带来开放红利	1. 1999年5月16日推动证券市场发展的六点意见 2. 1999年6月10日央行下调存款基准利率153个基点	2005年4月29日证监会发布《关于上市公司股权分置改革试点有关问题的通知》，股改试点启动	1. 2008年11月推出了"四万亿"政策 2. 2009年实施家电和汽车下乡、十大产业振兴规划 3. 2008年大幅降准降息；IPO暂停货币政策大幅放松	1. 2012年9月《关于深化科技体制改革加快国家创新体系建设的意见》，2013年1月16日《国家重大科技基础设施建设中长期规划》，促进新兴产业发展 2. 2014年起，并购重组政策不断放松，提高并购重组效率 3. 2013年两融政策开放
见顶	1. 党和国务院先后出台38项宏观调控文件 2. 新股加速上市，市场的快速扩容极大地稀释了个股交易量	2001年6月12日国务院发布《减持国有股筹集社会保障基金管理暂行办法》	1. 我国证券交易印花税从1‰调整为3‰ 2. IPO抽血过度。以中石油为代表的"巨无霸"纷纷上市，蓝筹泡沫破裂	2010年1月18日、2月25日央行两次上调存款准备金率。4月17日"新国十条"颁布，严厉调控房地产。5月储备金率再次上调	1. 证监会要求证券公司对外部接入进行自查、清理场外配资 2. 中国核电、国泰君安的两轮巨量IPO，冻结4万亿元资金

宏观调控政策

宏观调控政策出台，在影响中国整体经济发展的同时，也改变了资本市场投资者对经济与各行业景气预期，从而对股市行情产生重大作用。宏观调控的加强，往往使投资者意识到现阶段的经济发展过热，致使股市下行。例如1993年党和国务院先后出台38项宏观调控文件，促使第一轮牛市见顶；2010年"新国十条"颁布，严厉调控房地产，加上连续两次上调存款准备金率，限制流动性，第四轮牛市结束。

反之，宏观调控放松，货币政策宽松，有助于资本市场上升。例如，1999年央行下调存款基准利率153个基点，催化第二轮牛市开启；2008年，推出了"四万亿"计划，叠加大幅降准降息，市场流动性全面改善，牛市启动。

此外，产业扶持政策加强了对行业向上发展的预期，促进牛市的形成。例如，2009年实施家电和汽车下乡、十大产业振兴规划，是第四轮牛市启动的重要因素；2012年9月《关于深化科技体制改革加快国家创新体系建设的意见》以及2013年1月《国家重大科技基础设施建设中长期规划》发布，促使创业板独立走牛。

第五节　如何寻找牛市中表现最好的板块

通过对五次牛市的宏观背景共性梳理，我们发现经济向好与流动性宽松至少具备其一，相应来看，与式（1-1）中分子、分母端驱动力挂钩的行业在牛市中表现更为亮眼。后四次牛市中行业指数涨幅最大和最小的5个行业见表1-5，具体而言：

- 以往投资是经济增长的主要"马车"，当分子端主导市场上行时（经济和企业盈利向好），与经济关联度高的周期性行业往往十分突出。2005 ～ 2007年中国大规模城镇化并开展地产建设，2008 ～ 2009年

"四万亿"刺激基建地产，与之相关的有色金属、建筑建材、房地产、采掘等表现优异；1991 ～ 1993 年价格改革消费增长明显，2005 ～ 2007年汽车消费景气高，所以第一次牛市中的零售行业和第四次牛市中的汽车行业也处于市场领先位置。

- 当分母端主导市场上行时，流动性宽松，风险偏好抬升，弹性较高的券商、国防军工等行业可能成为市场热点，同时还伴随着资产重组、科技等题材的躁动。2013 ～ 2015 年的牛市中，伴随着移动互联网大潮的TMT 板块如计算机、传媒，以及因利好政策而受益的"一带一路"题材板块中的建筑，均大幅领跑市场。

- 分子端业绩较为稳健、分母端弹性较小的防御性板块表现落后，例如医药生物、银行、公用事业、食品饮料。当指数走平或者趋弱时，医药生物、食品饮料中的龙头公司，往往能够凭借自身强大的稳定增长属性，获得市场的青睐。

- 前四次牛市中，TMT 板块与经济关联性弱，也没有成为投资者风险偏好追逐的标的，表现相对落后。但是从第五次牛市开始，随着科技成长类公司越来越多，龙头公司的成长性逐步为市场所熟悉和接受，在移动互联网、4G 向 5G 过渡、新一代信息技术变革以及美国纳斯达克科技龙头的带动下，TMT 板块中的龙头公司与市场风险偏好的变动联系紧密，当分母端的风险偏好提升之时，往往是表现最快也是较为突出的板块。

表 1-5　后四次牛市中行业指数涨幅最大和最小的 5 个行业

序号	第二次牛市		第三次牛市		第四次牛市		第五次牛市	
	涨幅最大的5个行业							
1	建筑材料	127%	有色金属	1 257%	有色金属	284%	建筑装饰	275%
2	采掘	111%	非银金融	1 206%	汽车	218%	计算机	275%
3	休闲服务	84%	国防军工	1 055%	建筑材料	217%	钢铁	257%
4	有色金属	81%	房地产	820%	采掘	215%	纺织服装	253%
5	商业贸易	81%	采掘	801%	国防军工	201%	交通运输	248%
	涨幅最小的5个行业							
1	银行	-0.5%	电子	233.8%	建筑装饰	84.5%	银行	93.1%
2	家用电器	16.2%	通信	300.0%	公用事业	91.3%	食品饮料	114.1%
3	计算机	18.6%	计算机	304.0%	食品饮料	101.6%	采掘	136.5%
4	通信	28.7%	传媒	344.2%	交通运输	102.7%	有色金属	149.9%
5	国防军工	33.5%	医药生物	364.1%	通信	102.9%	医药生物	152.1%

第二章

1991～1993年：
资本市场探索期的第一次牛市

第一节　宏观背景：
改革开放制度红利下的经济小周期

　　中国经济从复苏到过热，成为A股第一次牛市的背后线索。20世纪80年代末至90年代初是改革开放以后，中国大刀阔斧开展经济体制改革的重要时点。完善农村家庭联产承包责任制、给予企业自主权、推行厂长负责制和厂长任期目标责任制、扩大对外经济开放等措施，让经济增长迸发出极强的活力。但彼时社会主义经济体制仍处在初级阶段，经济周期波动大、周期切换频率高，1989年至1993年这5年间，中国经历了"衰退—复苏—过热"三个周期阶段。GDP同比增速从1990年底部的3.9%攀升至1993年第一季度峰值的15.3%，工业增加值同比增速也从 1990 年的 0% 左右，增加至 1993 年 2 月的 27.7%。

1990 年前的短暂衰退期，源于消费、投资从经济体制改革带来的过热，转向政策严控后的收紧，同期外需也出现了暂时性波动；1990 年后，随着经济过热得到有效平息，政策回归常态，改革开放的制度红利凸显，发展进入快车道，迎来近三年的复苏期；1993 年年初，通胀再度上行，经济迎来过热，宏观政策快速反应、谨慎收紧，成了这一次牛市的终结点。

一、消费：需求过热带来高通胀和抢购潮，调控两度收紧

物价过快上涨的通胀问题始终贯穿 1989～1993 年的经济发展过程，成为复苏和衰退的主要原因。1988 年，国内正值"价格双轨制"改革攻坚期，7 月 28 日，国务院决定放开烟酒价格；8 月 15 日～17 日，《关于价格、工资改革的初步方案》文件经中共中央政治局会议讨论通过，"闯（价格改革）关"口号首次被提出[⊖]。经历过 1984 年前后的上一轮高通胀，居民对于通胀预期十分敏感，短时间内纷纷将储蓄拿出，开始购买、囤积商品，造成短期的"抢购潮"和通货膨胀螺旋攀升。1988 年内，CPI 高点一度达到 28.4%，当年政府决定采取三项措施[⊖]：其一，整顿流通领域的秩序，清查、撤销大量 1986 年以来新成立的公司和流通领域的公司，查处一批违法违纪案件，对重要产品和紧俏商品加强了管理，稳定了市场秩序；其二，坚决压缩和控制社会集团消费、严格控制工资总额的增长，坚决制止滥发奖金、实物和擅自扩大津贴、补贴的发放范围，鼓励居民储蓄；其三，缓解总供给不均衡的问题（如工业品过剩、消费品短缺

⊖　中国历史网 . 1988 年历史大事件：1988 年抢购风潮 [EB/OL]. [2017-10-27] http://l.zhuixue. net/jindai/89577.html.

⊖　国务院 . 1988 年国务院政府工作报告 [EB/OL]. (1998-03-25) [2006-02-16]http://www.gov. cn/test/2006-02/16/content_200865.htm.

国务院 . 1989 年国务院政府工作报告 [EB/OL]. (1989-03-20) [2006-02-16] http://www.gov. cn/test/2006-02/16/content_200867.htm.

国务院 . 1990 年国务院政府工作报告 [EB/OL]. (1990-03-20) [2006-02-16]http://www.gov. cn/test/2006-02/16/content_200883.htm.

等），改善和增加有效消费品供给。消费领域在政策引导下快速冷却，1989 年、1990 年社会消费品零售总额连续两年回落，1990 年 6 月 CPI 已经降至 1.1%，成为下一轮经济复苏周期的起点（见图 2-1）。1992 年 7 月，CPI 回升再度突破5%，呈现过热态势，8 月江泽民主席特地在党的"十四大"报告中加上"实现国民经济持续、快速、健康发展"的意见，1993 年 1 月 1 日又在新年茶话会上突出强调经济发展必须加强宏观调控，当天《人民日报》元旦社论也着重提出要防止经济过热，成为当时党中央对经济形势释放出的一个重要信号。⊖

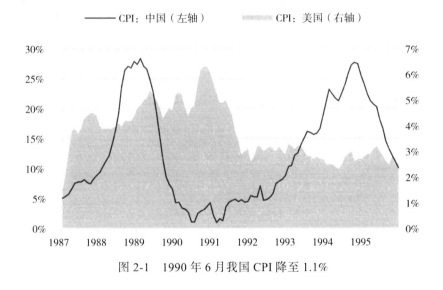

图 2-1　1990 年 6 月我国 CPI 降至 1.1%

资料来源：Wind，兴业证券经济与金融研究院。

二、投资：1988 年和 1993 年政策两度刹车终结本次牛市

同消费类似，改革红利下经济体制活力十足，政府两度为中国经济这辆飞驰的列车踩下刹车，避免经济整体过热。1986 ~ 1988 年，全社会固定资产投资完成额超高速上升，分别为 3121 亿元、3792 亿元、4754 亿元，各地出现部

⊖　尹航 . 江泽民与 1993 年治理经济过热 [J]. 党的文献，2011(05)：52-58.

分盲目扩建、片面追求产量的现象。对此，政府决定用两年甚至更长的时间整治通胀和过热[⊖]，包括压缩固定资产投资规模、控制信贷规模等需求侧改革计划。1988 年全国停建、缓建固定资产投资项目 1.8 万个，压缩投资 647 亿元，银行两次提高储蓄利率以吸引储蓄。政策收紧效果明显，1989 年和 1990 年两年固定资产投资规模降为 4410 亿元、4517 亿元；1989 年信贷增速 19.1%，相较 1988 年的 21.9% 下降两个百分点。

1992 年下半年，经济过热迹象再次出现，表现为四热、四高、四紧、一乱。对此，党和国务院先后出台三十八项宏观调控文件，后由国务院办公厅秘书局汇总整理成《关于加强宏观调控的有关规定的通知》，向下印发。严控信贷增长、加强固定资产投资监管、有序控制证券供给以及证券市场秩序等各项举措接踵而至，中国经济和资本市场 1993 年后逐步进入调整。

三、外需：1990 年美国衰退影响外需和 FDI，带动全球复苏

1990 年伊拉克入侵科威特造成油价暴涨、美国经济陷入衰退，对中国的出口产生影响。1990 年 8 月，伊拉克入侵科威特，油价从每桶 15 美元附近上升至超过 35 美元，受油价暴涨影响，美国迎来一次衰退，消费者信心指数 1990 年 10 月跌至低点的 63.9，成为 1983 ～ 2008 年间的最低点，美国采购经理人指数 PMI 于 1991 年 1 月见底，触及 39.2（PMI 以 50 为荣枯线，高于 50 代表经济扩张，低于 50 代表经济收缩）。上一轮美国居民消费信心出现类似下跌，需要追溯到 20 世纪 80 年代初期石油危机引发的高通胀时期。

中国改革开放后，对全球经济依存度快速上升，美国 20 世纪 90 年代的经济危机对于中国经济也存在一定影响，表现为出口增速下滑和外商直接投资放缓两个方面。20 世纪 90 年代，中国经济逐步向出口导向型经济转型，出口占 GDP 比重上升至 15% ～ 20%，海外需求成为影响中国经济的又一变量。

⊖　国务院 . 1989 年国务院政府工作报告 [EB/OL]. (1989-03-20) [2006-02-16] http://www.gov.cn/test/2006-02/16/content_200867.htm.

1990～1993年，美国带动全球景气度下行，中国出口增速也逐年下滑，分别为52.6%、28.2%、22.2%、13.0%。受战争、经济下行等影响，外商投资的热度也出现下滑，1988年国内新增外商直接投资8.8亿美元，而1989年降至1.98亿美元，1990年进一步降至0.95亿美元。1991年国际形势稍有缓和，新增外商直接投资恢复至8.79亿美元。1992年改革开放更进一步，浦东新区成立，国内迎来外资入华的新高峰，助推1992年后国内的新一轮复苏周期。

第二节　牛市上涨第一波：
沪市上涨1244%，深市上涨604%

沪深交易所成立之初，两地市场相对独立，整体行情趋势类似，但是过程大相径庭。在此，我们不妨平行地回顾两地市场发展历程，对照和找寻A股的第一次牛市记忆。

1988～1989年，以张晓彬、周小川、王波明、高西庆等社会金融法律人才为主的证券交易所研究设计小组，编写了《中国证券市场创办与管理的设想》系列文件（也就是后来简称的"白皮书"），为中国证券业和成立交易所提出整体构想。⊖

据新华网报道，1990年4月18日，中央正式决定同意上海市加快浦东地区开发。规定浦东新区不仅享受开发区十大优惠、特区九大政策，还额外拥有五条特殊政策，其中第三条便是允许上海设立证券交易所，为浦东开发开放自行审批发行人民币股票和B种股票。⊜

1990年12月19日，多方筹备下上交所正式开业，与12月1日试营业的深交所一起，建立第一个全国性、跨地区联网的全国证券交易自动报价系统（STAQ系统），开启了A股市场的新篇章。

⊖ 《财经》专题制作团队. 我们的四十年，创建资本市场：从0到1的突破 [OL/CD].[2018-11-24] https://www.iqiyi.com/v_19rqtel9h8.html.

⊜ 潘飞. 上海记忆：浦东开发往事 [EB/OL]. [2018-11-08]https://www.thepaper.cn/newsDetail_forward_2614276.

　　早期股票主要在柜台交易，至沪深交易所成立后，一共有 13 只股票存在时间最久远，分别是：①沪市老八股，延中实业、真空电子、飞乐音响、爱使电子、上海申华、飞乐股份、豫园商城、凤凰化工；②深市老五股，深发展、深万科、深金田、深安达、深原野。沪市老八股和深市老五股的历史变化见表 2-1。

表 2-1　沪市老八股和深市老五股历史变化

证券代码	证券简称	状态	股票历程	涨跌幅[1]
老五股				
000001.SZ	深发展 A	上市	深发展银行与平安银行合并，成为平安集团的一部分	3 565%
000002.SZ	深万科 A	上市	主营业务维持不变，成长为全国房地产龙头企业	32 656%
000003.SZ	深金田 A	退市	纺织工业供销公司，多元化失败退市，百货业务转让给武汉中百	46%
000004.SZ	深安达 A	上市	曾为陆上货运公司，后依次转让给北大高科、国农科技	474%
000005.SZ	深原野 A	上市	上市后"彭建东事件"被揭露，后转让给世纪星源（房地产）	648%
老八股				
600601.SH	延中实业	上市	被宝安、北大方正先后收购，后被注入方正科技	11 390%
600602.SH	真空电子	上市	转让给上海广电、上海仪电，2015 年重大资产重组成为云赛智能	1 030%
600651.SH	飞乐音响	上市	2014 年前主营业务不变，后进军 LED 等行业	8 112%
600652.SH	爱使电子	上市	延中实业、天天科技、同达志远先后持有，后被久游网络借壳	6 440%
600653.SH	上海申华	上市	主营漆包线，后涉及地产等多元化业务，1999 年被华晨集团收购	6 156%
600654.SH	飞乐股份	上市	曾是飞乐音响的子公司之一，2014 年被中安消借壳上市	785%
600655.SH	豫园商城	上市	主营业务维持不变	513%
600656.SH	凤凰化工	退市	1997 年被华源集团兼并，后被大股东剥离，成为博元，目前退市	2 969%

　　① 1990 年 1 月 1 日～ 2020 年 1 月 1 日期间涨跌幅。

　　资料来源：公开资料，兴业证券经济与金融研究院。

一、沪市：涨跌限制下市场无量涨跌停，放开后创史上最大单日涨幅

顺应改革浪潮，放开涨跌幅限制促成沪市上涨 1244%

1991 年 5 月起，上交所向全体投资者回收纸质股票，7 月 11 日开设电子账户，推行无纸化证券。5 月 16 日上证综指市场触底 105.77 点，结束此前连续下跌，成为沪市 1991 年牛市的起点，直至 1992 年 1 月上涨 196%。上证综指市场行情与重要事件概览如图 2-2 所示。开设电子账户并推行无纸化证券，一方面是为了让投资者更容易参与到证券市场交易中来，另一方面可以取缔"黑市"交易和身份证滥用，将交易市场变得更加透明、规范。

1992 年是中国改革开放的重要一年。1992 年 1 月 16 日，江泽民同志到访上海并前往上海证券交易所视察；1992 年 1 月 17 日，改革开放总设计师邓小平同志动身南行，视察武昌、深圳、珠海、上海等地并发表谈话，回答社会上束缚人们思想的许多重大认识问题，奠定了进一步改革开放的基调。⊖

1992 年 2 月 18 日，上交所管理层顺应改革开放潮流趋势和市场需要，决定首批放开延中实业（600601）和飞乐股份（600654）两只股票的涨跌幅限制。尽管这之后的短期内两只股票出现了大幅波动，但是在 5 个交易日内均恢复正常，为管理层下一步全面放开涨跌幅限制增强了信心。

1992 年 5 月 21 日，管理层决定放开上交所全部股票的涨跌幅限制，并且采取"T+0"交易制度，上证综指单日上涨 105.3%，创造 A 股史上最大单日涨幅，截至 5 月 25 日，沪市自 1991 年 5 月底部以来一共上涨 1244%。沪市单日大幅上涨，一是放开涨跌幅、采取"T+0"交易制度提供了交易条件，二是此前涨幅限制让市场一直处于"无量"上涨状态，交易动机未被完全释放，三是延中实业和飞乐股份的"赚钱效应"吸引了大量新进资金。市场随后也快速恢复正常。

个股层面，彼时沪市合计 13 家上市公司，轻工机械（470.8%）、异型钢管

⊖　中国政府网. 中华人民共和国大事记（1992 年）[EB/OL]. [2009-10-09]http://www.gov.cn/ test/2009-10/09/content_1434364.htm.

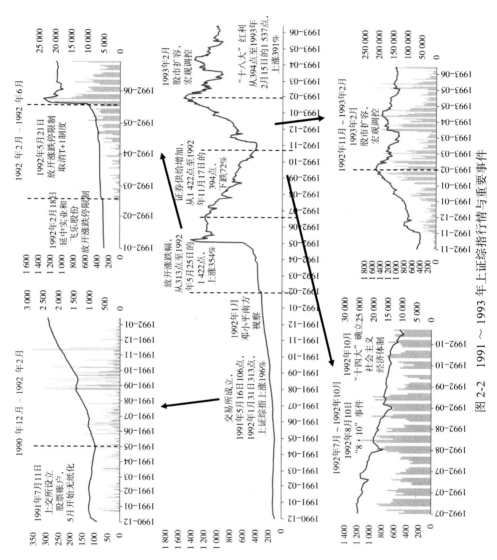

图 2-2 1991～1993 年上证综指行情与重要事件

资料来源：Wind，兴业证券经济与金融研究院。

（382.1%）、嘉丰股份（328.8%）、二纺机（312.1%）、联合实业（192.7%）、兴业房产（99.9%）当日涨跌幅超过 100%，成交额和换手率同时也经历了从激增到回落的过程（见表 2-2）。因为市场的快速拉升，上海出现了股市投资的热潮，所有证券公司营业部爆满，无法满足投资者接待的需求，交易所决定临时新增柜台。1992 年 6 月 1 日，100 多家证券公司营业部入驻上海文化广场，接受股民委托交易。当日广场涌入 4 万股民（1992 年上海常住人口 1365 万），因场地无法容纳而产生混乱，政府又紧急暂停文化广场营业，疏散人群，直到 7 天后重新恢复营业。

交易特征：上证综指持续"涨停"与"跌停"

1990 年 12 月 19 日上海交易所成立后至次年 5 月，社会上仍然主要流通纸质股票，交易所采用"T+3"交易制度，以保证双方钱券同时交割。1990 年 7 月 26 日至上交所开业前一个交易日，股票交易采取 3% 涨跌幅的限制；上交所开市后，涨跌幅限制被上调至 5%。1990 年末至 1991 年初上交所开市后的交易情况见图 2-3，具体如下：

- 1990 年 12 月 20 日～12 月 26 日开市的前 5 个交易日，在投资者火热的参与情绪下，上证综指几乎每天接近涨停，涨幅分别为 4.39%、4.54%、4.97%、4.98%、4.17%。

- 12 月 27 日，监管层决定出面抑制过热的投机情绪，将每日涨跌幅限制调整为 1%，当日上证综指基本收平（0.01%），但是次日（12 月 28 日）至 1991 年 1 月 4 日上证综指再次连连涨停（0.93%、0.92%、0.96%、1.01%、1.00%）。

- 1991 年 1 月 7 日，监管层将涨跌幅限制继续向下调整为每日 0.5%，但上证综指直到 1 月 11 日每天仍然处于涨停状态。

- 1 月 14 日，上证综指终于松动，当日仅上涨 0.05%。其原因在于 1990 年伊拉克入侵科威特，1990 年 8 月 2 日联合国安理会通过 678 号决议，

表2-2　涨跌幅放开后沪市13只个股表现

证券代码	证券简称（1992年）	累积涨跌幅			平均换手率			平均成交额（万元）		
		前3日	当日	后3日	前3日	当日	后3日	前3日	当日	后3日
600605.SH	轻工机械	10.1%	470.8%	-1.3%	0.0%	26.5%	27.9%	0.1	581.9	596.5
600608.SH	异型钢管	15.5%	382.1%	7.9%	0.0%	23.8%	32.2%	0.4	419.6	586.3
600606.SH	嘉丰股份	15.7%	328.8%	-4.8%	0.0%	16.3%	20.8%	0.6	433.0	524.5
600604.SH	二纺机	15.8%	312.1%	0.7%	0.1%	25.8%	24.0%	2.8	2 934.4	2 880.2
600607.SH	联合实业	15.7%	192.7%	2.8%	0.0%	22.3%	25.6%	0.9	713.6	822.1
600603.SH	兴业房产	15.7%	99.9%	17.1%	0.5%	26.6%	24.0%	15.4	1 631.2	1 704.3
600653.SH	上海申华	15.8%	32.7%	22.9%	9.2%	122.3%	50.3%	157.8	2 588.6	1 507.4
600602.SH	真空电子	12.6%	11.3%	1.5%	334.1%	450.0%	381.9%	3 476.1	5 057.5	4 705.2
600651.SH	飞乐音响	6.2%	4.2%	4.0%	39.0%	39.2%	33.2%	498.9	492.0	462.6
600652.SH	爱使电子	4.7%	3.4%	17.4%	42.6%	47.4%	83.9%	271.3	294.5	581.5
600601.SH	延中实业	12.8%	-0.7%	16.7%	62.6%	32.2%	42.7%	1 439.1	710.6	1 129.9
600656.SH	凤凰化工	14.4%	-3.0%	20.8%	35.8%	22.2%	48.2%	423.0	257.7	684.1
600654.SH	飞乐股份	16.0%	-4.8%	-34.2%	39.8%	29.5%	56.7%	847.9	603.2	398.1

注：当日为1992年5月21日。

资料来源：Wind，兴业证券经济与金融研究院。

要求伊拉克必须于 1991 年 1 月 15 日前撤军, 美国国会 1991 年 1 月 12
日授权军队进入中东与伊拉克开战, 海湾战争最终于 1 月 17 日打响。
市场情绪随后出现大幅回落, 上证综指每日逼近跌幅下限, 并持续阴跌
近 4 个月。

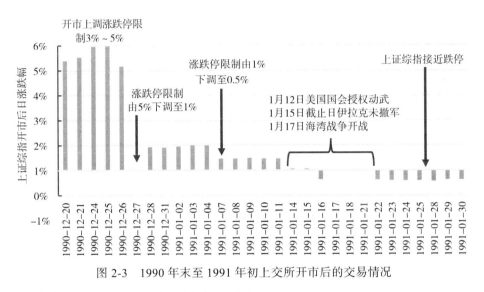

图 2-3 1990 年末至 1991 年初上交所开市后的交易情况

资料来源: Wind, 兴业证券经济与金融研究院。

随着上交所开设电子账户和并推行无纸化证券, 1991 年 7 月 16 日起, 上
证综指重回"涨停"态势, 市场情绪逐步升温, 因为证券供给的匮乏, 8 月后沪
市呈现"无量"上涨, 股民认为上涨趋势不会停止因此"惜售"手中证券。9 月
30 日, 上交所出台新规, 当日成交量小于市场可交易数量的 3‰时, 当日成交
无效, 等待交易发生成为当时股民每天最为期待的事情。

1992 年 2 月 18 日, 上交所管理层放开延中实业和飞乐股份两只股票涨
跌幅限制。放开涨跌幅前 4 个交易日内, 延中实业分别上涨 70.27%、6.18%、
11.82%、9.59%, 第五日起涨幅维持在 5% ~ 6% 附近, 飞乐股份分别上涨
46.56%、10.88%、7.87%、3.80%, 第五日起涨幅回到 1% 以内。交易热度方面,
延中实业每日成交额从不到 10 万元增至 1000 万元左右, 前 4 日换手率 57.0%、

75.0%、97.3%、78.0%，飞乐股份每日成交额则从不到 10 万元增至 100 万元左右，换手率分别为 9.6%、11.3%、4.7%、3.0%。短期来看，放开涨跌幅限制促使两只股票均出现交易过热情况，但是飞乐股份较快地回归了常态，延中实业的交易热度也日趋正常。

1992 年 5 月 21 日，管理层决定放开上交所全部股票涨跌幅限制，并且采取"T+0"交易制度，上证综指单日上涨 105.3%，随后市场情绪逐步冷却，接下来 5 个交易日涨跌幅分别为 5.80%、6.09%、-8.46%、-8.31%、-2.77%。交易热度方面，沪市日均交易额从前 5 日的每天 7490 万元扩大超过一倍，上升至 1.7923 亿元，换手率从前 5 日的每天 22.7% 扩大至 42.7%。

二、深市：救市成为牛市起点，新股上市刺激市场躁动上行

从 1991 年 9 月救市到 1992 年 5 月高点，深市上涨 604%

1990 年 5 月股票柜台市场曾一度出现过度投机的现象，因此限制交易的政策频频推出，但也造成了沪深两市流动性缺失的问题。自深交所开市以后，深市老五股持续下跌 9 个月，市场成交冷清，1991 年 4 月 22 日当天成交量为 0，创下历史纪录。[⊖]

1991 年 7 月 10 日，深圳政府和深交所组织企业家群体讨论"救市"，这是 A 股历史上第一次"救市"。8 月 19 日、21 日、23 日、25 日以及 9 月 2 日，深交所连续 5 次开会商讨救市方案，最终由深圳市政府筹备 2 亿元资金进行救市。9 月 7 日，救市资金开始持续买入深市第一大权重股深发展，支撑市场价格，9 月 6 日的 402.50 点自此成为 1991 年牛市的起点，直至 1992 年 3 月 24 日上涨 156%（见图 2-4）。

⊖ 李勇，哈学胜.冰与火：中国股市记忆 [M]. 红旗出版社，2010.

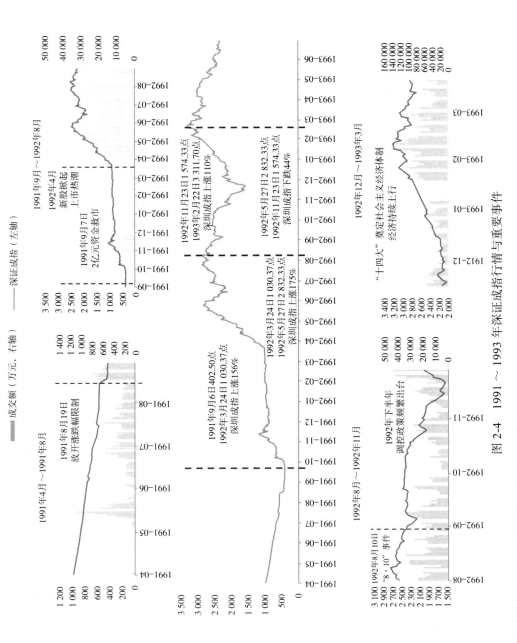

图 2-4　1991～1993 年深证成指行情与重要事件

资料来源：Wind，兴业证券经济与金融研究院。

1992年3月底起，市场交易热度回归，深市开始新一轮扩容，掀起了国内第一次"打新"热潮。1992年2月28日深南玻A（000012.SZ）上市，成为自1991年7月深金田A（000003.SZ）以来第一只上市股票，当日其涨幅高达5.5倍，刺激了深市股民的神经。3月底，第二波3只股票迎来上市，有了深南玻A的经验，当日3家公司平均涨幅达到218%。随后，4月、5月、6月先后有8只股票上市，首日均出现大幅度上涨，其中深达声A（000007.SZ）相较于发行价上涨23.3倍，深锦兴A（000008.SZ）上涨19.65倍，2～6月新股表现汇总见表2-3。但过热的"打新"市场也为后续留下隐患。1992年3月24日至5月27日，在"打新风潮"的引领下，深市上涨175%；自1991年9月7日底部以来，合计上涨604%。

表2-3　1992年2～6月新股表现汇总

证券代码	证券简称	上市日期	发行价（元）	首日收盘价（元）	首日涨幅	
000012.SZ	深南玻A	1992-02-28	3.38	22.00		551%
000016.SZ	深康佳A	1992-03-27	3.90	11.85		204%
000011.SZ	深物业A	1992-03-30	3.60	11.00		206%
000017.SZ	深中华A	1992-03-31	3.75	12.90		244%
000007.SZ	深达声A	1992-04-13	1.00	24.30		2 330%
000006.SZ	深振业A	1992-04-27	33.00	38.50		17%
000020.SZ	深华发A	1992-04-28	1.90	13.90		632%
000013.SZ	深石化A	1992-05-06	2.80	18.60		564%
000008.SZ	深锦兴A	1992-05-07	1.00	20.65		1 965%
000014.SZ	深华源A	1992-06-02	2.38	25.00		950%
000018.SZ	深中冠A	1992-06-16	1.50	14.05		837%
000015.SZ	中厨A	1992-06-25	2.78	17.05		513%

资料来源：Wind，兴业证券经济与金融研究院。

交易特征：救市后市场放量大涨，市场热度回归

1991年8月16日，深交所先于上交所宣布开放涨跌幅限制。此前深市经历了9个月的阴跌，4月22日当日甚至一笔成交单都没有。放开涨跌幅限制后的第一个交易日8月19日当天，深证成指下跌19.78%，将此前因为涨跌幅限制而积攒的悲观情绪倾泻出来，大跌后市场再次回归低迷，因此引发了A股历史上首次救市。

- 1991 年 9 月 7 日，深圳政府筹集 2 亿元资金秘密托底市场，持续买入深发展 A，投资者都发现了市场上出现了一位"神秘买家"。当投资者意识到是政府出手"救市"后，市场情绪快速好转。

- 10 月 3 日，国庆节后的第一个交易日深证成指大涨 6.8%，次日市场下跌 0.8%。周末过后，投资者仿佛"回过神来"，重新回归到深圳股票市场，10 月 7 日～9 日，深证成指日涨跌幅为 12.1%、19.4%、21.5%（见图 2-5）。

- 1991 年 10 月，深交所将股票交易印花税从此前的买卖双边各征收 6‰（合计 1.2%），下调至双边各征收 3‰，成为此次市场回暖的重要催化剂，印花税也成为此后股市调控的重要手段。

- 1991 年 10 月 10 日，上交所也开始对股票买卖双边征收 3‰的股票交易印花税，深证成指下跌 10%，短期暴涨就此告一段落，回归"慢牛"。

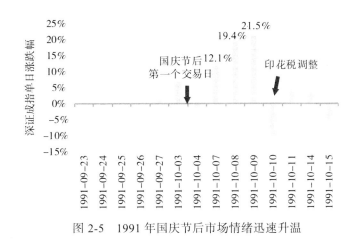

图 2-5　1991 年国庆节后市场情绪迅速升温

资料来源：Wind，兴业证券经济与金融研究院。

三、牛市第一波始于交易制度开放，终于新股过快扩容

总结沪深两市来看，1991 ～ 1992 年第一波牛熊切换，主要源于市场制度的变化：

- 为抑制市场过度投机行为，上交所和深交所通过下调涨跌幅限制、征收

印花税等措施，使得沪深两市分别在 1991 年 5 月前和 1991 年 9 月之前陷入几乎无量下跌的状态。

- 上交所通过整治交易环境（1991 年 5 月和 7 月 11 日）、放开涨跌幅限制（1992 年 2 月 18 日和 5 月 21 日），促使沪市在 1991 年 5 月～ 1992 年 5 月出现两阶段上涨（第一阶段 196%，第二阶段 354%）。
- 深交所通过放开涨跌幅限制（1991 年 8 月 16 日）、组织资金救市（1991 年 9 月 7 日）、推动新股逐步扩容（1992 年上半年），促使深市在 1991 年 9 月～ 1992 年 5 月出现两阶段上涨（第一阶段 156%，第二阶段 175%）。

第一轮牛熊切换的历程中，尽管监管层初次尝试调控资本市场、A 股仍然出现了多次较大波动，但是第一轮牛熊切换仍然为监管层留下了许多宝贵经验，形成了未来 30 年市场的基础调控框架。我们将其总结在表 2-4 中：

表 2-4　市场基础调控框架

措施分类	过热	低迷
交易层面		
涨跌幅限制	限制涨幅	放开涨幅，限制跌幅
T+N 交易	T+3 及 T+1	T+0
印花税	上调	下调
非交易层面		
新股上市	加速	暂缓
资金救市	—	托底权重股
政策表态	坚决调控过度投资	鼎力支持资本市场

资料来源：兴业证券经济与金融研究院。

交易层面：涨跌幅制度、T+N 制度和印花税调整

在 1992 年 5 月前，沪深两市涨跌幅限制均出现了多次调整（见表 2-5）：

- 1990 年 12 月 19 日，上交所开市，将涨跌幅限制从 3% 提升至 5%。
- 1990 年 12 月 27 日，因为市场接连涨停，上交所决定将涨跌幅限制降为

1%，12月31日进一步降为0.5%。

- 1991年4月26日，沪市趋于冷清，上交所将涨跌幅限制调回1%。

- 1992年2月18日，响应改革开放发展资本市场号召，上交所2月18日率先放开延中实业、飞乐股份涨跌幅，5月21日放开全部股票涨跌幅。

- 1990年5月25日～6月27日间，柜台交易的深圳老五股快速上涨，深发展100%、万科380%、原野210%、金田140%、安达380%。6月18日，为抑制热度过高的市场，深圳政府将涨跌幅限制从10%下调至5%，但市场仍然连涨至6月25日；6月26日深圳政府将涨幅限制单边下调至1%，涨幅和跌幅限制比例为1:5；11月19日，深圳政府将涨幅限制进一步降至0.5%，涨幅和跌幅限制比例达到了1:10。

- 在高强度的政策干预下，深市最终于1990年12月8日达到最高点，随后市场走弱，单边下跌。市场回调后，深圳政府再次对市场的单边快速下跌进行干预，12月14日将跌幅限制从0.5%调整为1%，1991年1月2日将涨跌幅限制统一为0.5%。

- 1991年8月16日，深交所先于上交所放开涨跌幅限制，此前积聚的卖空情绪在当日释放出来，形成单日下跌近20%。

因为技术条件限制以及防止市场过度投机，在沪深两市放开涨跌幅限制前，均采用T+3交易制度，以实现买卖双方钱券同时交割。放开涨跌幅限制后，也同时放开了T+0交易制度，市场出现持续的高换手现象。1996年12月16日，沪深两市正式确定了T+1交易制度和10%的涨跌幅限制，延续至今。

1990年6月28日，为了限制深圳老五股出现的过度投机现象，深圳市政府首先对股票卖方开征单边6‰的印花税，⊖印花税自此成为股市调控的最为重要手段之一，也是最为重要的政策信号之一。牛市时上调印花税往往造成市场回调，熊市时下调印花税则成为市场所认为的"政策底"出现的标志。

⊖　深圳市人民政府.深圳市人民政府关于对股权转让和个人持有股票收益征税的暂行规定[EB/OL].(1990-06-28). http://www.law-lib.com/law/law_view.asp?id=21145.

表 2-5　沪深两市涨跌幅限制变化历史

上交所涨跌幅限制变迁				深交所涨跌幅限制变迁			
起始时间	结束时间	涨幅限制	跌幅限制	起始时间	结束时间	涨幅限制	跌幅限制
1990-07-26	1990-12-18	3.00%	3.00%	1990-05-29	1990-06-17	10.00%	10.00%
1990-12-19	1990-12-26	5.00%	5.00%	1990-06-18	1990-06-25	5.00%	5.00%
1990-12-27	1990-12-30	1.00%	1.00%	1990-06-26	1990-11-18	1.00%	5.00%
1990-12-31	1991-04-25	0.50%	0.50%	1990-11-19	1990-12-13	0.50%	5.00%
1991-04-26	1992-02-17	1.00%	1.00%	1990-12-14	1991-01-01	0.50%	1.00%
1992-02-18	1992-05-20	1%～5%	1%～5%	1991-01-02	1991-08-16	0.50%	0.50%
1996-12-16	至今	10.00%	10.00%	1996-12-16	至今	10.00%	10.00%

资料来源：翁林海 . 中国股市涨跌幅限制制度有效性研究 [D]. 对外经济贸易大学 . 2008，兴业证券经济与金融研究院。

1990 年 11 月 23 日，深市仍然较为火热，深圳市政府决定开始对股票买卖双方均征收 6‰的印花税，⊖交易成本由此上升为 1.2%，与之对照，单日涨幅限制仅为 0.5%，印花税成为促使市场走向冷却的重要催化剂。

1991 年 10 月，深市仍然面临交易冷清的局面，对此深圳市政府将买卖双方印花税率调整到 3‰，交易成本下降一半，印花税调整成为彼时"救市"的重要举措之一。国庆后深市巨额放量上涨，从而走出低迷。1990 ～ 1992 年印花税的调整过程见表 2-6。

表 2-6　1990 ～ 1992 年印花税调整过程

时间	主体	文件	内容
1990-06-28	深圳市	《关于对股权转让和个人持有股票收益征税的暂行规定》	首先开征股票交易印花税，由卖出股票者按成交金额的 6‰交纳
1990-11-23	深圳市	—	对股票买方也开征 6‰的印花税
1991-10	深圳市	—	将买卖双方印花税率调整到 3‰
1991-10-10	上交所	—	对股票买卖双方实行双向征收印花税，税率为 3‰
1992-06-12	国税局和国家体改委	《关于股份制试点企业有关税收问题的暂行规定》	规定股票交易双方按 3‰的税率缴纳印花税

资料来源：证监会，兴业证券经济与金融研究院。

⊖　深圳市人民政府 . 深圳市人民政府关于对股权转让和个人持有股票收益征税的暂行规定 [EB/OL]. (1990-06-28). http://www.law-lib.com/law/law_view.asp?id=21145.

非交易层面：新股上市安排、筹集资金救市和维稳举措

在证券供给相对匮乏的 1992 年，开放新股上市往往被解读为利好：一是放开涨跌幅限制后，新股上市首日往往能够产生数倍收益；二是新股的暴涨往往会刺激全市场情绪躁动；三是在社会主义经济体制还未被确立的年代里，沪深两市遭遇了 "8·10" 事件，后续新股继续上市成为增强投资者们对资本市场信心的强心剂（见图 2-6 和图 2-7）。

1992 年 8 月 7 日，深圳市下发《1992 年新股认购抽签发售公告》，将发行 5 亿份股票，8 月 9 日和 10 日集中现场发售认购抽签表 500 万份，每张 100 元，每人最多可持有 10 张身份证购买 10 张抽签表，中签率 10%，每张中签表可认购股数为 1000 股。受此前新股首日暴涨效应影响，8 月初约 150 万人进入深圳，前往 303 个销售点，平均每个销售点 5000 人，而销售处面积一般只有 2000 平方米，○由此爆发了 "8·10" 事件。沪深两市于此遭受重创，持续回调。

另一方面，扩容过快的股票对于初期的 A 股市场本身也存在极大的分流影响。1991 年上交所仅有 7 只股票在交易，1992 年则增加了 22 只；深交所也从 1991 年的 6 只股票增加至 1992 年年底的 24 只股票。同期沪深两市的成交额仅仅增加了 1 ～ 3 倍，因此后续投资者逐步将新股上市从 "利好" 理解成为 "利空" 消息。

从市场表现来看，① 1992 年牛市的第一波上涨伴随着新股的持续刺激，沪市在放开涨跌幅限制前，3 月 27 日一天有 5 家企业上市，深市在 7 月前一共有 12 家公司上市；②在市场进入低谷后，新股上市往往成为刺激市场热度回归的催化剂，例如 11 月中下旬沪深两市新上市的股票成为第二波上涨的反攻号角；③在第一波上涨后的回撤中，投资者已经感受到了新股扩容的压力，沪市在 7 ～ 10 月一共上市 8 家公司（此前合计 13 家），1993 年前 3 个月上市 16 家（此前合计 29 家），这成了两波上涨的终结因素之一。

○　周焕涛.股市 18 岁：沪深股市成长的个人观察 [M]. 山东：山东人民出版社，2008.

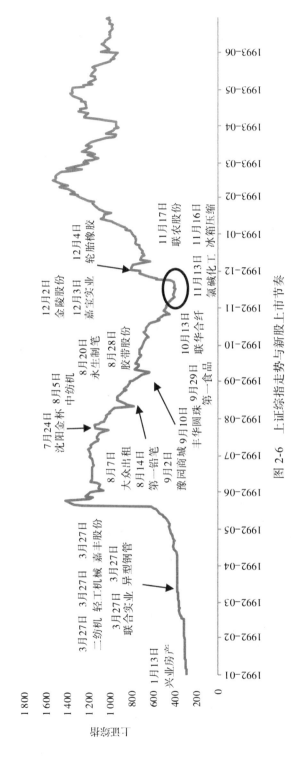

图 2-6　上证综指走势与新股上市节奏

资料来源：Wind，兴业证券经济与金融研究院。

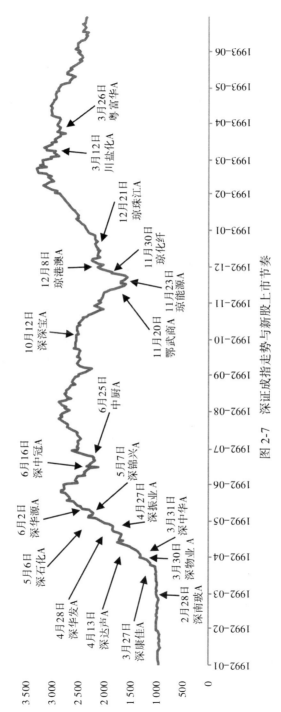

图 2-7 深证成指走势与新股上市节奏

资料来源：Wind，兴业证券经济与金融研究院。

　　监管层逐步意识到新股上市安排对于市场的影响，于是开始有计划地平衡企业资金需求与市场热度，探索新股发行体制革新。在后续 30 年中，A 股先后 8 次暂停过新股发行，新股上市安排成为调控市场资金供需的重要手段。

　　1991 年，监管层第一次尝试并成功地实现了筹资救市计划。1991 年 9 月，深市"无量"下跌已经持续了近一年的时间，深圳政府决定筹集 2 亿元资金救市，深发展成为救市资金的主要买入对象。9 月 6 日，深圳 6 只股票深发展 A、深原野 A、深宝安 A、深万科 A、深金田 A 和深安达 A 流通市值分别为 363.1 百万元、306.4 百万元、295.4 百万元、245.9 百万元、142.4 百万元和 18.8 百万元，深发展为第一大权重股。9 月中下旬，深市逐步止跌，并于国庆节之后迎来全面上涨，宣告着救市成功。所谓的"国家队"[⊖]的动向成为后来投资者关注的重要信息之一。

　　监管层在初期市场监管中同时也意识到与投资者沟通、及时有效地传递政策意图的重要性。彼时深圳特区日报就成为投资者们了解政策意图、掌握监管层信息的重要手段，当市场过热或者萧条时，新闻资讯成为市场的降温剂或者强心剂。

第三节　牛市上涨第二波：
沪市上涨291%，深市上涨110%

一、邓小平南方视察，开放红利推动牛市第二春

　　据中国共产党党史记载，1992 年 10 月 12 ～ 18 日，中国共产党第十四次全国代表大会在北京召开，本次会议对未来中国政治、社会、经济存在三点深远意义[⊜]：一是确立邓小平建设有中国特色社会主义理论在全党的指导地位。

⊖　股市里的"国家队"是指为了实现国有资产保值增值、帮助国计民生的企业融资、稳定金融市场等目标而进入股票市场的国家资金，以中央汇金、证金公司、社保基金为代表。
⊜　中共中央党史研究室.中国共产党简史 [M].北京：中共党史出版社.2001.

邓小平理论自此被写入党章，成为指导今后改革开放、经济发展的压舱石。二是明确我国经济体制改革的目标是建立社会主义市场经济体制。社会主义市场经济体制第一次有体系地出现在社会公众面前，奠定了社会经济发展方向。三是要求全党抓住机遇，加快发展，集中精力把经济建设搞上去。大会将20世纪90年代我国经济的发展速度目标，从原定的平均每年增长6%，调整为8%～9%。

　　1992年改革暖风频吹，起初还萦绕在人们心头上的、关于未来如何发展社会主义市场经济体制的一系列疑问，随着"十四大"报告一锤定音。从后续发展来看，一方面，经济活力随着改革红利进一步释放；另一方面，人们对于未来不确定性的担忧逐渐散去，资本市场上也因此吹起了风险偏好提升的暖风。

　　回顾本次牛市的第二波上涨，上证综指于1992年11月17日～1993年2月15日上涨了291%；深证成指于1992年11月23日～1993年2月22日上涨了110%。本次牛市第一波上涨终结于"8·10"事件以及1992年下半年频繁出台的宏观调控政策，但是监管层对证券市场的重视程度并未因此衰减，1992年10月12日证监会成立，成为专业且专门的资本市场监管机构，以防止"8·10"等类似事件重演。经历3个月左右回调后，11月前后沪深两市也已经几乎回到了第一波上涨的起点，市场情绪暂时达到了一个底部。接下来，政策暖风、经济向好、市场回调充分，三者共振，促成了第二波上涨。

　　第二波上涨再次终结于新股发行加速与政策收紧。1992年11月和12月沪市每月各发行3只股票，1993年前3个月分别发行5、4、7只股票，合计上市了22只股票，而此前市场上一共只有23只股票。市场的快速扩容极大地稀释了个股交易量，市场情绪因此也逐步回归常态。

　　政策收紧成为彼时牛市终结的另一重要因素。正如宏观部分所述，1992～1993年牛市两次上涨的背后，是从复苏走向过热的中国经济，1993年2月则是此次经济过热的最顶点，在中央政府连续的有力调控下，A股估值、交易热度双双向平稳状态回落，为中国资本市场的长远平稳发展打下了基础，同时开始孕育 1996 年后的第二次牛市。

二、交易特征：市盈率与市场顶底同步，换手率领先市场拐点

市盈率比较：上证综指市盈率达到近年最低点后反弹

因为深证成指于 1995 年编制，因此我们采用有市盈率数据的上证综指作为市场行情的衡量。⊖ 1992 年 5 月 1 日～ 5 月 20 日，上证综指平均市盈率达到 257 倍，5 月 25 日达到峰值 502.7 倍，随后逐级回落。11 月 17 日上证综指市盈率仅为 54.77 倍，接近顶点的 1/10，同时也是几年来的最低点。1993 年 2 月上证综指估值触底反弹至 200 倍以上，最终 6 月左右维持在 80 倍上下。

换手率比较：底部换手率先萎缩，后先于行情放量

1992 年 5 月前后因为市场上可交易股票较少，市场换手率较高，上证综指日均换手率大约为 26%。5 月 21 日沪市放开涨跌幅限制，实行 T+0 交易制度，市场顶峰期 5 月 25 日换手率达到 50.8%。之后每逢新股上市，上证综指的换手率都上升至短期的高峰。随着市场于 10 月底市盈率跌至 80 倍以内，情绪达到低谷，上证综指在 11 月第一周的日均换手率降至 11.1%，为峰值时的 1/5。11 月 13 日氯碱化工、11 月 16 日冰箱压缩、11 月 17 日联农股份上市，促使市场换手率重新回到 50% 以上，同时因为新股的首日涨幅效应，带动市场情绪躁动，市场从而全面反弹。1993 年随着新股快速扩容，市场情绪稳定，上证综指的日换手率降至 5% 左右（见图 2-8）。

⊖　深证成指 1995 年以前价格数据为编制人回推，估值数据从 1995 年起开始计算。

图 2-8　上证综指与市场换手率的关系

资料来源：Wind，兴业证券经济与金融研究院。

三、零售行业的豫园商城、第一食品领跑全市场

牛市第二波上涨中，零售行业的豫园商城和第一食品涨幅最大，分别为 430.9% 和 376.0%。沪深两市初期上市的企业以轻工业制造、纺织等行业为主，20 世纪 90 年代中国对外开放逐步扩大，在经济向好、出口高增长、居民生活水平提高、通胀上行消费行业受益的背景下，沪深两市的企业业绩大多实现高速增长。居民出于对通胀的预期，投资股票的热情也颇高，出现了第一批"股民"。因为初次接触资本市场，大多数投资者对于估值、盈利等知识还知之甚少，因此市场和个股波动较大，估值和换手率也偏高，随着时间推进，当第一批"股民"逐步成熟后，资本市场也迎来了后续更为健康和高速的发展。

第四节　20 世纪 90 年代股市大事件与 1994 年、1996 年两次快牛

一、1993 年并购潮与朱镕基整顿经济金融秩序

1993 年 4 月证监会发布的《股票发行与交易管理暂行条例》中第四章"兼

并收购"对二级市场收购进行了详细的规范；同年10月，宝安收购延中实业成
为国内证券市场上第一次收购事件。

　　1993年9月14日～9月30日，延中实业上涨74.6%，10月1日宝安在
各大证券报刊宣布，对延中实业持股超过5%，已达到16%。10月4日～7日，
延中实业再度上涨120.7%，10月7日当日成交额达到14.4亿元，此时A股总
成交额为33亿元。[⊖]10月9日上海市经济体制改革研究会召集上市公司座谈，
10月23日证监会宣布，宝安所获股权有效，但是持股超5%时未及时公告，罚
款100万元，宣告国内证券市场第一个并购案例成功。

　　在证监会对宝安并购案首肯之后，11月10日万科发布公告购入申华股份5%
的股权，11月14日，双方召开新闻发布会，达成善意共识，万科成功入股申华
控股。深圳天极公司于1993年12月22日买入飞乐音响5.2%的股权，成为重
要股东之一（见图2-9）。

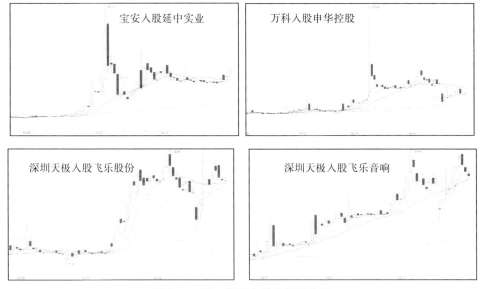

图2-9　1993年四大并购标的表现

资料来源：Wind，兴业证券经济与金融研究院。

　　⊖　周焕涛.股市18岁：沪深股市成长的个人观察[M].山东省济南市：山东人民出版社，2008.

1993 年国内经济再次陷入过热和高通胀之中，CPI 从 1 月的 10.3% 增至 12 月的 18.8%，时任国务院副总理朱镕基开始整顿金融秩序。1993 年 7 月 3 日，朱镕基副总理兼任中国人民银行行长，负责部署整顿经济、金融秩序，7 月 5 ～ 7 日召开全国金融工作会议在京召开，主旨是 "肯定成绩，检讨缺点，整顿秩序，推进改革，扭转当前资金紧张的局面"。此外，央行于 5 月 15 日、7 月 11 日两次上调利率以收紧银根，并于 5 月 19 日出台《关于立即制止不规范发行投资基金和信托受益债券做法的紧急通知》，后者成为当年遏制过度投资和投机的重要举措。1993 年，金融改革亦大步向前，12 月 25 日，国务院作出《关于金融体制改革的决定》，在此决定指导下，当时 "政策性金融与商业性金融分离，以国有商业银行为主体、多种金融机构并存的金融组织体系" 逐步形成，中国人民银行自此作为独立执行货币政策的中央银行，展开宏观调控。

二、1994 年牛市："325 点铁底" 后 "快牛" 迸发

1994 年，沪深两市陷入低迷，从 1993 年 12 月 8 日的高点 1045 点，至 1994 年 7 月 29 日的低点 325 点，上证综指累计下跌 68.90%，监管层第二次救市就此拉开序幕。3 月 12 日，证监会前主席刘鸿儒于上交所大会第四次会议上发言，首先提出 "四大政策"，也被投资者称为 "四不政策"：①国有股、法人股年内不上市；②股票转让收益所得税年内不征收；③ 55 亿新股发行额度部分推迟至明年；④积极发展投资基金等机构投资者。上证综指两天上涨 12.8% 后仍继续下跌。

1994 年 7 月 30 日，各大媒体头版头条刊登《中国证监会与国务院有关部门就稳定和发展股市做出决策》，后被投资者称为 "三大利好"：① 1994 年内暂停新股发行，这是 A 股历史上 IPO 的第一次暂停，后续 IPO 暂停与重启成为调控市场的重要手段之一；②严格控制上市公司配股规模；③扩大入市资金范围。在 "T+0" 制度和无涨跌幅限制的背景下，8 月 1 日当天上证综指上涨 33.46%，8 月 3 日上涨 20.89%，8 月 5 日上涨 21.37%，8 月 10 日上涨 19%。从 7 月 29

日～9月13日，上证综指涨幅高达209.5%，"325点铁底"就此形成（见图2-10）。

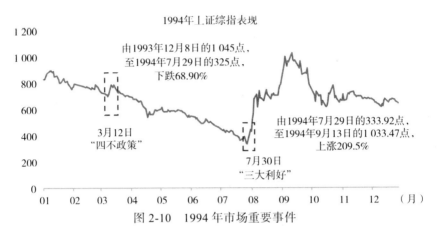

图 2-10　1994 年市场重要事件

资料来源：Wind，兴业证券经济与金融研究院。

回顾 1994 年第三季度市场上涨背景，主要包括 3 点重要影响因素：①股市政策支持；②经济改革大幅迈步；③市场估值来到相对低位。第一点不再赘述，后两者中：经济改革方面，1993 年 11 月 14 日十四届三中全会发布《中共中央关于建立社会主义市场经济体制若干问题的决定》，标志着社会主义市场经济制度改革全面开启，在 1994 年掀起了国企改革的第一波浪潮；国内围绕财税、金融体制的宏观调控体系逐步确立，分税制改革成为房地产调控周期的重要根基⊖；商业银行和政策银行的分离促使国内资本要素逐渐市场化；价格改革、商品流通制度、社会保障体系、住房制度改革 1994 年期间逐一落地。估值也是此次"快牛"的重要驱动因素之一，1994 年 7 月 29 日上证综指滚动市盈率（PE-TTM）仅为 14.18 倍，不仅是彼时开市以来最低，也是 A 股历史中的相对低位水平，低估值的市场在政策刺激下，波动快速上升，价格大幅修复。

⊖　中央统一收缴地方财税，土地出让成为地方政府重要收入来源，对房地产市场和土地出让的管理成为中央和地方调控财政收支的重要手段。

三、1995年国债期货"327"事件与A股"5·18"行情

1992年12月2日，上交所首次对机构投资者开放国债期货交易，设计推出共计12个品种。高通胀环境下国债期货起初成交略显清淡，日均成交额仅有5000万元左右（1992年12月~1993年10月），1993年7月10日，财政部决定对国债实施保值补贴，10月25日上交所重新设计国债期货并对社会投资者开放，12月15日北京商品交易所开始创办国债期货⊖。

1994年，国债期货交易日益火爆，分流大量股市资金。全年成交额高达2.8万亿元，是现货445亿元的60~70倍，而股市则成交冷清，12月1日当天成交额仅1.75亿元。

过热的国债期货市场也隐含了巨大的危机，时值"两会"召开之际，1995年2月23日投资者遭遇"327"⊖事件，2月25日证监会和财政部连续下发《国债期货交易管理暂行办法》《关于加强国债期货风险控制的紧急通知》，但5月11日又出现了"327"事件的类似事件——"319"事件，5月17日，证监会宣布暂停国债期货交易。

1995年5月18日，大量国债期货市场资金回流A股市场，当天上证综指上涨31%，5月19日再次上涨12.1%，随后市场逐步回归正常（见图2-11）。1994年以来的股市和债市之争自此告一段落。

四、1996年牛市：终结于"十二道金牌"

1996年沪深两市已经下跌近3年，上证综指估值不到20倍，远低于此前40~100倍的估值，伴随国债期货市场暂停交易，资金重新回流处于当时底部的A股市场。随后指数逐级而上，从1月22日低点至12月9日高点，上证综

⊖ 李一玫.我国国债期货历史回顾[J].合作经济与科技，2008(06)：66-68.
⊖ "327"是一个国债产品的代号，由于保值贴息的不确定性，决定了该产品在期货市场上有一定的投机价值，万国证券联合辽宁国发集团大举做空，后财政部发布公告，"327"国债按高价兑付，空头判断彻底错误，万国证券为此亏损约60亿元。

指上涨了 142%（见图 2-12）。

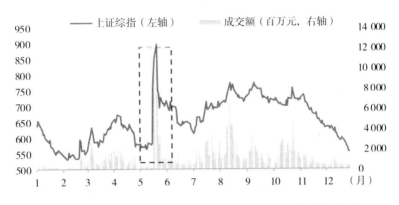

图 2-11   1995 年 "5·18" 行情前后上证综指及成交额表现

资料来源：Wind，兴业证券经济与金融研究院。

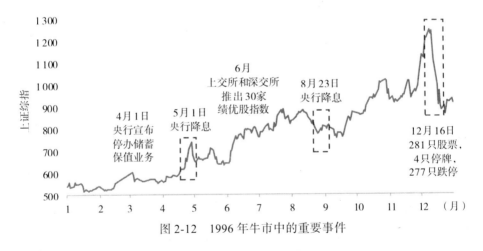

图 2-12   1996 年牛市中的重要事件

资料来源：Wind，兴业证券经济与金融研究院。

经济刺激政策成为此次上涨的重要催化剂，而监管层严厉打击市场过热和过度投机成为终结的原因。1996 年国内 GDP 增速和 CPI 同比增速从顶点分别回落至 10%、7% 附近，央行年内两次降息（5 月 1 日、8 月 23 日）起到稳增长和刺激市场作用。从特征来看，低价股成为此次上涨中最为火热的板块。指数快速上行引起监管层重视，下半年先后发出 12 项监管措施，被称为"十二道金牌"（见表 2-7）。《人民日报》于 12 月 16 日发表的头版社论《正确认识当前股票市场》，当日沪市 281 只股票有 277 只跌停，4 只停牌。至 12 月 24 日，沪深指数分别下跌 31%、38%。

表 2-7　1996 年抑制市场过度投机的"十二道金牌"

序号	政策名称
1	《关于规范上市公司行为若干问题的通知》
2	《证券交易所管理办法》
3	《关于坚决制止股票发行中透支行为的通知》
4	《关于防范运作风险、保障经营安全的通知》
5	《关于严禁操纵信用交易的通知》
6	《证券经营机构证券自营业务管理办法》
7	《关于进一步加强市场监督的通知》
8	《关于严禁操纵市场行为的通知》
9	《关于加强证券市场稽查工作，严厉打击证券违法违规行为的通知》
10	《关于加强风险管理和教育工作的通知》
11	1996 年 12 月 16 日恢复 10% 涨跌幅限制与"T+1"交易制度
12	1996 年 12 月 16 日《人民日报》头版社评《正确认识当前股票市场》

资料来源：公开资料，兴业证券经济与金融研究院。

第三章

1999～2001 年：
从"5·19"开启的"政策牛"

第一节 宏观背景：高速增长前的底部区域

从 1999 年 5 月 17 日～2001 年 6 月 13 日，上证综指由 1047 点上涨至 2245 点，涨幅为 114%。时间跨度 2 年左右，其间上证综指 PE 由 37 倍涨至 65 倍，提升 75%（见图 3-1）。

1999 年 5 月 16 日，国务院批准了证监会上报的推动证券市场发展的六点意见，5 月 17 日上证综指 1047 点，5 月 19 日上证综指上涨 4.6%，标志着这一次牛市的开始，史称"5·19"行情。

2001 年 6 月 13 日证监会宣布国有股减持"暂行办法"出台，投资者担忧国有股减持影响，6 月 14 日创出 2245 的高点后开始下跌，牛市结束。

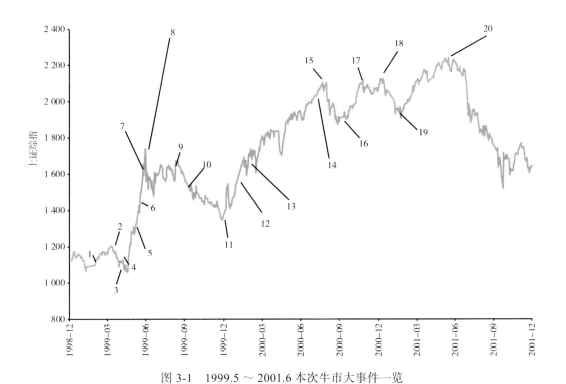

图 3-1　1999.5～2001.6 本次牛市大事件一览

注：1—1999 年 3 月 2 日证监会表示可以考虑设立科技企业板块；2—1999 年 4 月 13 日朱镕基
　　参观纳斯达克交易所；3—1999 年 5 月 8 日北约导弹袭击中国驻南斯拉夫联盟大使馆；4—
　　1999 年 5 月 16 日国务院批准了证监会上报的六条主要建议；5—1999 年 6 月 10 日央行
　　第七次降息；6—1999 年 6 月 15 日《人民日报》文章将行情定性为"恢复性上涨"；7—
　　1999 年 6 月 22 日证监会主席：要珍惜来之不易的大好局面，共同推动市场健康发展；8—
　　1999 年 7 月 1 日《证券法》正式实施；9—1999 年 9 月 9 日证监会允许国有企业、国有
　　资产控股企业、上市公司入市；10—1999 年 10 月 27 日有关减持国有股的相关政策公布，
　　国有股减持将通过配售的方式来实现；11—2000 年 1 月 6 日三大报同时发表证监会前主席
　　周正庆的文章；12—2000 年 2 月 13 日证监会发布通知向二级市场投资者配售新股；13—
　　2000 年 3 月保监委批准四家险企将入市资金比例由 5% 提高到 10%；14—2000 年 8 月 1
　　日社保基金理事会成立；15—2000 年 8 月 22 日证监会规范向法人投资者配售新股的行为；
　　16—2000 年 10 月 12 日证监会发布《开放式证券投资基金试点办法》；17—2000 年 11 月
　　24 日证监会发言人表态将打击操纵市场行为，证监会增设 9 个监察局；18—2000 年 12 月
　　25 日中科创业连续 10 个跌停板，事后被证监会彻查；19—2001 年 2 月 9 日新华社：中国
　　股市在新世纪要有更大的发展；20—2001 年 6 月 12 日国务院发布《减持国有股筹集社会
　　保障基金管理暂行办法》。

资料来源：Wind，兴业证券经济与金融研究院。

这段牛市开始之时，A股市场中共有 848 只股票（剔除在 1999 年 5 月 17 日时上市不满一个月的股票）。在这次牛市期间，有 46% 的股票涨幅达到 100%～200% 的水平，另有 16% 的股票涨幅超过 200%。

1998～2001 年，经济整体处于较低增速中，GDP 增速仅 7%～8%。1990 年年初，邓小平南方谈话引发了全国范围内的投资热潮和货币超发，拉升 GDP 增速的同时也导致了通胀高企，1993 年 GDP 增速接近 15%，通货膨胀率接近 20%。1994～1997 年，我国经济进入为期 4 年的调整期。1994～1995 年，货币政策保持适度从紧，我国在遏制恶性通胀的同时保持了较高的经济增速，经济成功"软着陆"。1996～1997 年，GDP 增速仍保持 10% 附近，通胀水平显著下降至个位数。1998 年起我国经济出现衰退的迹象，1998～2001 年 GDP 增速仅 7%～8%。CPI 回落至 0 附近。

1999～2001 年社会消费品零售总额和工业增加值年增速仅 10% 左右，经济处于谷底区域。从社会消费品零售总额和工业增加值的角度，也不难看出 1999～2001 年这段时间，宏观经济处于高速增长前的底部区域。1999～2001 年我国社会消费品零售总额和工业增加值年增速仅 10% 左右，和前后相比可以看出，经济处于"谷底"的状态。1999 年社会消费品零售总额增速 6.8%、工业增加值增速 8.9%，2000 年和 2001 年则提升至 10% 附近，经济开始呈现出复苏态势。

一、投资：表现不振，但奠定了之后 10 年的发展基调

1999 年固定资产投资增速回落至 6.3%，经济增长陷入了乏力的局面。1990 年年初，邓小平南方谈话引发了全国范围内的投资热潮，1992～1994 年间，全国固定资产投资增速一直保持 30% 以上，为这段时间的经济增长提供了强大的动力。但与此同时的货币超发也导致了通胀高企和货币政策偏紧，固定资产投资增速迅速下滑，至 1997 年时仅 10%。进入 1998 年，面对亚洲金融危机以及大洪水造成的自然灾害，中央决定增发 1000 亿元长期国债并配套 1000 亿元银

行贷款用于加强基础建设，以加快固定资产投资、提振社会消费，当年全国固定资产投资增速达到20%。但在随后的1999年，固定资产投资的高速增长并没有持续下去，高基数效应导致全年固定资产投资增速回落至6.3%，经济增长又陷入乏力的局面。

1998年2000亿元刺激手段带来的效果只是暂时的，但却为之后10年间中国经济的增长模式奠定了基调。1998年国务院印发了《关于进一步深化城镇住房制度改革加快住房建设的通知》，提出停止住房实物分配，逐步实行住房分配货币化，稳步推进住房商品化、社会化，促使住宅业成为新的经济增长点。这标志着我国房地产市场化的开启，之后的故事我们就很熟悉了：我国经济开启了一段由投资驱动（尤其是房地产驱动）的增长阶段，2000～2003年固定资产投资增速逐步上升至30%，2004～2009年间也一直保持在30%附近运行，2010年后"四万亿"计划逐步退出，固定资产投资随之降速。1992～2018年间我国固定资产投资增速如图3-2所示。

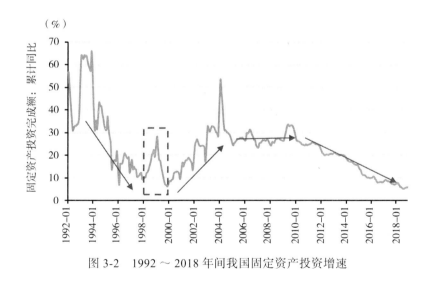

图3-2　1992～2018年间我国固定资产投资增速

资料来源：Wind，兴业证券经济与金融研究院。

二、财政：财政收支年均增速20%，政府支出占总消费的26%

政府公共支出是为这一阶段经济托底的重要因素之一，财政收支保持20%左右增速，政府支出占总消费比例上升至26%。这一阶段，我国的财政收入从1998年的0.99万亿元增长至2001年的1.64万亿元，财政支出从1998年的1.08万亿元增长至2001年的1.89万亿元，均保持了20%左右的增速。政府支出占总消费支出的比例也持续上升，1996年政府支出占总消费的比例仅22%，至2001年时上升至26%。之后一直到现在，政府支出占总消费支出的比例均在25%～28%的范围附近波动。由此可见，政府公共支出扩张是为这一阶段经济托底的重要因素之一。

三、流动性：7次降息，2次降准，抗"通缩"

1987年以来，我国经历了三次持续时间较久、影响程度较大的通货膨胀，以及两次较明显的通货紧缩。1988～1989年和1993～1995年间，我国经历了两次较为猛烈的通货膨胀，CPI当月同比增速基本一直位于10%以上，最高时达到28%附近，此外2003～2008年间也是物价水平上升较快的一段时间。而1998～2002年以及2009年，则在我国历史上出现了两次较明显的通货紧缩（见图3-3）。

1998～2002年这段时间是我国历史上仅有的两次较明显的通货紧缩时期之一，也是我国开启现代化货币政策的时期。1998～2002年间有超过70%的时间，当月CPI和PPI同比增速为负，处于通货紧缩的状态，CPI当月同比增速平均为−0.4%，平均PPI当月同比增速平均为−1.6%，通货紧缩程度较为明显。同时在1998年，我国取消信贷规模管理，摒弃了之前直接控制的计划模式，开启了以数量为主的间接调控模式，开始践行现代化货币政策，也更加符合发展社会主义市场经济的要求。

1996年开始恶性通胀缓解，经济下行压力增大，1996～1999年间央行7次降息，2次降准（见图3-4）。1996～1999年间，存款基准利率由10.98%降至2.25%，贷款基准利率由12.06%降至5.85%，存款准备金率由13%降至6%。

宽松货币环境、市场行情的多方面因素配合下，我们看到在这一波行情情况下，居民股票资产的增速大幅度高于居民存款增速。1997～2001年之间，居民股票资产增速达到30%以上，而存款增速仅为10%～20%，也在一定程度上推动了A股市场的发展。

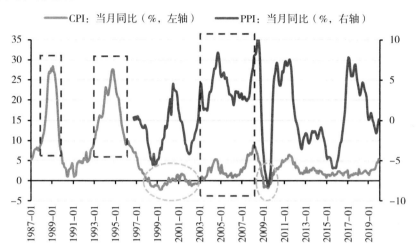

图3-3 1987年以来我国经历了三次较大的通胀和两次较明显的通缩

资料来源：Wind，兴业证券经济与金融研究院。

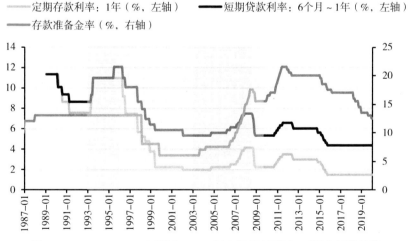

图3-4 1996～2002年间和2008年央行通过降息、降准刺激经济

资料来源：Wind，兴业证券经济与金融研究院。

第二节　风险偏好、流动性与基本面交错，驱动牛市行情节奏

一、政策暖风叠加流动性宽松助推"5·19"行情

20世纪90年代末美国互联网进入商业化阶段，同时亚洲金融危机导致全球资本回流美国，纳斯达克指数在1998年10月～2000年3月之间逐渐泡沫化，从1500点突破5000点。与此同时，A股市场也暗潮涌动。90年代末，我国国企经营状况下降，债务风险蔓延。1997年中央提出国有企业"三年脱困"、初步建立现代企业制度的目标。1999年再次强调要形成比较合理的国有经济布局和结构，建立比较完善的现代企业制度。

为完成这个战略目标，我国需要一个生机蓬勃的资本市场作为载体，"做大资本市场蛋糕"是必然选择，所以1999年管理层的态度整体偏暖。1999年3月，"可以考虑在沪深证券交易所内设立科技企业板块"被中国证监会首次明确提出。4月，朱镕基总理参观纳斯达克，再次引发市场想象。5月16日，国务院批准了证监会上报的六条主要建议：改革股票发行体制，保险资金入市，逐步解决证券公司合法融资渠道，允许部分具备条件的证券公司发行融资债券，扩大证券投资基金试点规模，允许部分B股、H股公司进行回购股票的试点。

一系列政策刺激，叠加1999年6月份降息以及6月15日《人民日报》发表《坚定信心，规范发展》的特约评论员文章，使得5月17日～6月29日的40多天内，上证综指从1047点上涨至1756点，涨幅68%。至此，"5·19"行情也成为中国资本市场历史文化的一个重要组成部分。

二、基本面无法跟上估值提升导致市场出现调整

"5·19"行情中指数上涨过快，市场需要较长时间消化涨幅，后续企业盈利情况未能支撑这一估值水平。在前期的40多天内，大盘实现68%涨幅，指数PE超过60倍，但1999年上半年企业盈利情况不容乐观，8月份起公司中报陆续披露，全部A股归母净利润增长仅0.8%，11%的公司出现亏损，49%的公司

利润负增长。企业盈利表现不佳，无法为前期上涨提供充足的支撑，是股市出现回调的主要原因。此外，这波行情炒作的主要标的是科技股、网络股，很多公司盈利性较弱，无法判断其合理价值，市场甚至用所谓的"市梦率"[⊖]给公司估值。没有业绩支撑的个股在市场调整中缺乏安全边际，投资者情绪波动容易导致市场宽幅震荡。

《证券法》的实施和国有股减持的推进打击了投资者情绪。1999年下半年，政府"做大资本市场蛋糕"的意愿未改，政策性利好频出，如允许三类企业参与股票市场投资，获批保险公司可以总资产的5%间接进入股票市场。但政策出台后，大盘仅在当天有所反应，很快继续掉头向下。1999年7月1日，《证券法》正式实施。长期而言这将利好证券市场的健康发展，但短期引起了市场恐慌，同时由于对坐庄等行为明令禁止，违法资金纷纷出逃，二者共同造成当天沪深两市跌幅超过7%，跌停个股超过500只，A股进入调整期。10月27日有关减持国有股的相关政策公布，12月2日证监会公告称年内将进行国有股配售试点，又给投资者的情绪蒙上了一层阴影。至1999年12月27日，上证综指从1756点跌回1341点。

三、基本面复苏，监管层引入机构投资者，牛市重启

基本面来看，2000年宏观经济开始复苏。进入2000年，亚洲金融危机的影响开始消散，出口恢复强劲，固定资产投资提速，发电量、工业增加值、工业企业利润同比增速加快。GDP增速在两度"破8"之后"保8"成功，CPI温和上升至2%附近，经济处于投资时钟的复苏周期。

政策面来看，管理层引入保险等机构投资者。2000年上半年，管理层相继出台一系列政策，放开券商、保险的入市门槛，成立社保基金理事会，为股票市场引入机构投资者。2000年3月，保监委批准四家保险公司将入市资金比例

⊖　"市梦率"是由市盈率演变过来的。如果当一个企业股票的市盈率高得吓人的时候，我们就称其为"市梦率"。

由 5% 调整到 10%，保险公司开始大举投资基金。8 月，博时基金公司和劳保部（劳动和社会保障部，现为人力资源和社会保障部）合作的研究项目"社会保障基金测算与投资运营管理"正式启动，全国社保基金理事会宣布成立。⊖

经济基本面与企业盈利复苏 + 引入机构投资者政策，市场走出前期调整，重新开启牛市。大盘受到基本面和流动性的双轮驱动，2000 年开年之后一路上涨，至 8 月底时已由 1350 点突破 2100 点。

四、一系列造假事件叠加国有股减持，牛市终结

2000 年 A 股市场"庄股横行"，上市公司股价操纵、财务造假频发，证监会开始加强监管力度。中国第一个百元股亿安科技：从 1999 年第四季度开始被庄家不断拉升，2000 年 2 月 15 日股价越过百元大关。2001 年初，亿安科技因涉嫌操纵股价被证监会调查，股票连续 5 个交易日跌停，事后查明亿安科技董事局主席罗成动用 18 亿炒作股票并获利超过 4 亿元。

另有中科创业、银广夏、东方电子等多只个股在 2000 年借牛市的东风被庄家拉升至高位，公司股价操纵或财务造假东窗事发之后均以连续跌停收场，银广夏甚至创造了连续 15 个跌停板的"奇观"。证监会加强对股价操纵、财务造假的打压对股市长期利好，但"杀鸡儆猴"在短期造成的恐慌效应打击了投资者情绪，加剧了市场波动。

2000 ～ 2001 年间，彼时市场中很多不规范的现象逐渐显露，挫伤了市场信心。2000 年 10 月，《财经》杂志以"基金黑幕"为题，用大量篇幅揭示了基金在股票交易中出现的种种问题，新华社记者发表署名文章《郑州百文：假典型巨额亏空的背后》，揭露出郑百文财务造假黑幕，两篇文章均引发了市场的高度关注。与此同时，亿安科技、中科创业、银广夏、东方电子、蓝田股份等"黑天鹅"陆续爆发，证监会开始加强对财务造假和操纵股价的监管。2001 年 1 月，

⊖　上海财经大学金融学院 . 2006 中国金融发展报告：金融开放与金融安全 [M]. 上海财经大学出版社，2006.

国务院发展研究中心研究员吴敬琏接受中央电视台《经济半小时》栏目的采访，对当时A股市场的各种不规范进行了严厉抨击，这番言论后被称为"股市赌场论"。同年10月，美国"安然事件"爆出，安达信财务造假一事引得市场空前关注。

时任证监会副主席史美伦铁腕治市，规范市场的同时也在短期内压制了投资者情绪。2001年3月，受时任国务院总理朱镕基的邀请，史美伦出任证监会副主席。史美伦任香港证监会执行董事期间，曾经推动香港证监会和香港联交所一同打击黑庄，使当时市场上的炒风陡然下降。有媒体统计，在史美伦上任中国证监会副主席之后的9个月内，证监会出台50多项法律文件，同时有80多家上市公司受到公开谴责、行政处罚，甚至立案侦查，亿安科技、中科创业、东方电子、银广夏等案件的调查结果也陆续公开。从资本市场长期发展的角度来看，史美伦的铁腕治市初步建立起了一套市场监管架构，起到了规范市场行为的积极作用，但也在短期内压制了投资者情绪，使得市场涨势难以为继。

2001年6月发布的《国有股减持办法》成为压垮这一次牛市的最后一根稻草。1999～2001年这波牛市中，政策面对股市"关怀备至"，其本意是希望做大资本市场"蛋糕"后为国企融资，缓解银行体系的金融风险，用减持国有股的收益来填补财政和社保资金的缺口。但市场面对国有股减持如临大敌，市场情绪受到了毁灭性的打击。2001年6月13日证监会宣布《国有股减持办法》出台在即，市场一直以来担心的"狼"真的来了，次日上证综指创下2245点新高后进入下降轨道。至此，1999～2001年的牛市行情宣告终结。

第三节　市场风格：
小市值占优，互联网泡沫引领"科技题材"

小市值风格相对更占优势，行情启动前市值位于0～10亿元的股票涨幅接近200%（见图3-5）。1999年"5·19"行情开启前，A股股票市值整体偏小，85%以上的股票市值低于35亿元，35亿～100亿元市值的股票只占

11%。2001年6月牛市结束时，A股市值明显提升，市值低于35亿元的股票仅占45%，35亿～100亿元的接近50%。从市值涨幅来看，"5·19"行情启动前，市值处于0～10亿元的个股涨幅最大，实现平均196%的涨幅，市值处于10亿～20亿元的个股实现平均143%的涨幅，100亿～400亿元市值涨幅仅为59%（见图3-5）。

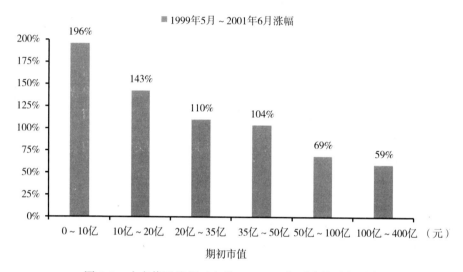

图3-5　小市值风格相对占优，0～10亿元市值涨幅最大

资料来源：Wind，兴业证券经济与金融研究院。

整体来看，本阶段涨幅最靠前的30只个股，几乎均与"科技"题材相关（见表3-1）。由于互联网泡沫因素，本次牛市行情下，涨幅排在前列的都以各种形式或多或少地与"科技"沾边、相关。总的来说，这是一个"全A皆科技"的年代，市场题材炒作之风盛行。

- 题材可以是公司本身的科技属性，如东风电仪更名东风科技，新业务涉及纳米技术；
- 公司通过资产重组向科技方向转型，如主营矿泉水业务的深益力A，通过资产重组将业务变为医药制造零售与计算机系统开发，即与现在的国药股份一致；

表3-1　本次牛市期间涨幅前30个股的题材炒作汇总

证券代码	证券简称（1999）	证券简称（2001）	所属行业	期间涨幅	期初市值（亿元）	期初PE	期末PE	1999利润增速（%）	2000利润增速（%）	2001上半年利润增速（%）	题材炒作具体内容
000540.SZ	中天企业	世纪中天	金融	630%	9.12	41	29	27	693	19	系列股权运作，10送4.2转增5.4，10派2送7
600700.SH	百隆集团	数码测绘	可选消费	623%	9.94	44	125	205	21	122	向航空测绘等地理信息产业转型，10派0.5送2转增8
600081.SH	东风电仪	东风科技	可选消费	529%	9.61	35	128	39	45	-23	更名为东风科技，涉及纳米技术，10派1转增5
000557.SZ	银广夏A	银广夏A	日常消费	509%	23.54	26	-105	-186	-217	-112	庄股拉升，后爆出财务造假
000619.SZ	红星宣纸	海螺型材	工业	496%	6.80	65	41	2	824	35	与海螺建材资产置换，10派0.8送4转增6
600735.SH	兰陵陈香	兰陵陈香	日常消费	484%	6.13	24	176	1	-2	47	与中软科股转让
000028.SZ	深益力A	深益力A	日常消费	447%	13.82	98	-4 235	277	-109	395	资产重组，业务变为医药制造零售、计算机系统开发，10转增8
600627.SH	湖北中天	百科药业	材料	446%	11.49	38	187	6	9	-20	收购中天药业公司
600165.SH	宁夏恒力	宁夏恒力	材料	438%	12.32	31	139	-8	15	3	与巨龙信息股权转让
600071.SH	凤凰光学	凤凰光学	信息技术	430%	7.31	30	107	24	35	171	合资设立凤凰数码科技公司，10派0.75送3转增4
000425.SZ	徐工股份	徐工科技	工业	427%	12.10	23	90	98	-6	5	更名为徐工科技，投入信息产业、新材料、生物医药等，向高科技新产业转型
600651.SH	飞乐音响	飞乐音响	可选消费	424%	12.58	75	88	60	339	1 026	主业由传统音响业务全面转型为集智能卡IC卡设计、模块封装和相关软件等
600746.SH	江苏索普	江苏索普	材料	423%	11.95	53	169	-26	100	-34	与深圳清华研究院和国家生化工程技术研究中心共同组建深圳索普化工发展有限公司，10派0.5送2转增6

（续）

证券代码	证券简称（1999）	证券简称（2001）	所属行业	期间涨幅	期初市值（亿元）	期初PE	期末PE	1999利润增速（%）	2000利润增速（%）	2001上半年利润增速（%）	题材炒作具体内容
600118.SH	中国泛旅	中国泛旅	可选消费	416%	8.29	28	249	-26	-22	-19	受让成都泛旅网络连锁旅游公司股份、认购北京红帆通信公司新普股份，10转增6
600679.SH	凤凰股份	凤凰股份	可选消费	413%	33.43	-18	670	103	370	-26	剥离不良资产，向控股股东转让6家子公司股权
000590.SZ	古汉集团	紫光生物	医疗保健	403%	8.83	32	152	-45	165	-71	与清华紫光股权转让、设立清华紫光医药联盟，10派0.8送3转增5
000594.SZ	内蒙宏峰	内蒙宏峰	材料	383%	8.29	21	88	58	13	-40	收购铅锌矿"资产"
000510.SZ	金路集团	金路集团	材料	379%	14.38	-12	84	101	17 872	314	庄股拉升，10转增6
000892.SZ	三爱海陵	长丰通信	可选消费	378%	12.36	29	72	53	24	20	投资设立电子商务公司、收购重庆连丰信息公司股权，10转增6
600127.SH	金健米业	金健米业	日常消费	378%	13.32	28	124	15	9	485	与广东巨星影业合资成立"湖南金健文化传媒公司"
000637.SZ	茂化实华	茂化实华	材料	367%	11.75	25	106	67	-33	-15	10送1送2转增3
600200.SH	江苏吴中	江苏吴中	可选消费	361%	10.19	32	98	19	39	114	成立江苏吴中药业研发中心、设立以生物基因工程、计算机软件等为主营业务的风投公司，与第二军医大学等共享手同开发治疗肿瘤的系列新药
600732.SH	上海港机	上海港机	工业	357%	10.28	157	232	286	91	-63	参股上海金诺网络安全技术发展有限公司
600890.SH	长春长铃	长春长铃	可选消费	353%	17.21	20	111	-24	10	102	与广瀚电子股权置换
600209.SH	罗顿发展	罗顿发展	工业	351%	11.94	26	87	10	23	23	将影视多媒体纳入主营业务
000676.SZ	河南思达	思达高科	工业	349%	11.29	47	175	-5	38	99	更名为思达高科，10送3转增7
600217.SH	秦岭水泥	秦岭水泥	材料	348%	15.36	31	109	15	9	19	全国建材企业首家混凝土实验室、进军农业科技领域，10派0.5送2转增8
000554.SZ	鲁石化A	鲁石化A	能源	348%	10.96	43	38	4 569	337	18	受让鲁润股份股权，10转增5
600090.SH	啤酒花	啤酒花	日常消费	345%	11.34	41	56	59	154	65	10派0.375送1.5转增4.5两次

资料来源：Wind，兴业证券经济与金融研究院。

- 通过股权运作，找一个厉害的合作伙伴成立一家响亮的科技公司，如江苏索普与深圳清华研究院和国家生化工程技术研究中心共同组建深圳索普科技发展有限公司；

- 传统业务公司伺机而动，通过各种花样向科技概念靠拢，如百隆集团从煤炭测绘转向航空测绘等地理信息产业；徐工股份更名为徐工科技，投入信息产业、新材料、生物医药等，向高科技新产业转型；

- 除了这些，还可以炒作一波高送转概念，公布一个每10股送转8股甚至10股的分配方案，然后等待填权行情出现，如红星宣纸10派0.8送4转增6；河南思达10送3转增7。

第四节　交易特征：

普涨明显，一半公司涨幅跑赢大盘

在这次牛市期间，有46%的股票涨幅达到100%～200%的水平。在1999年5月17日～2001年6月13日这段时间内，800多只股票中仅有11只下跌，上涨50%以内的股票占9%，上涨50%～100%的股票占28%，上涨100%～150%的股票占30%，上涨150%～200%的股票占16%，另有16%的股票涨幅超过200%。

在1999年5月17日～1999年6月29日这段时间内，股票市场成交情况呈现"驼峰"状，平均每周换手率约9%。在"5·19"行情启动后市场交易热度迅速提升，1999年6月底时上证综指换手率已经连续三周达到30%左右。之后市场进入震荡调整时期，成交氛围也随之降温，每周换手率下行至3%。2000年牛市重启后，市场走出前期低迷的交易气氛，并在之后近一年半的时间内维持了相对温和、健康的状态。整体来看，从1999年5月17日至1999年6月29日，上证综指平均每周成交额约570亿元，平均每周换手率约9%（见图3-6、图3-7）。

1999年5月17日～6月底，市场交投活跃，换手率连续三周达到30%左右后开始调整。"5·19"行情开启后，市场交易热度随之提升，周换手率由之前的仅5%左右，迅速提升至20%的水平。这一阶段上证综指平均每周成交额超过920亿元，平均每周换手率超过20%。至1999年6月最后一周时，上证综指成交额已经连续两周超过1400亿元，换手率已经连续三周达到30%左右。在成交气氛冲上高位后，近一个月的快速上涨阶段也告一段落，市场进入震荡调整时期。

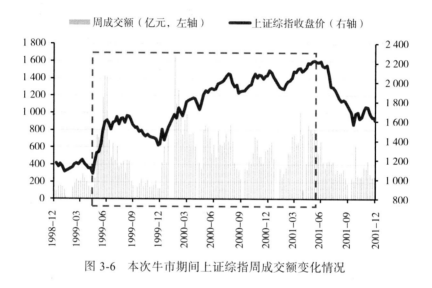

图3-6   本次牛市期间上证综指周成交额变化情况

资料来源：Wind，兴业证券经济与金融研究院。

1999年下半年市场成交低迷，每周换手率下行至3%。在市场开始震荡调整之后，股票成交氛围也随之降温，上证综指每周成交额下行至仅150亿元，每周换手率下行至仅3%。这一阶段上证综指平均每周成交额不足300亿元，平均每周换手率仅为6.2%。

2000年至2001年6月13日，市场成交情况整体较为温和，每周换手率平均9%左右。2000年的第一个交易周牛市重启，上证综指当周成交额突破400亿元，当周换手率达到8%。市场走出前期低迷的交易气氛，并在之后近一年半的时间内维持了相对温和、健康的状态。这一阶段上证综指平均每周成交额约为 650 亿元，每周换手率从 15% 的水平下行至 6% 附近，平均 9% 左右。2001年 7 月开始快速下跌后，上证综指换手率降至 3% 的水平。

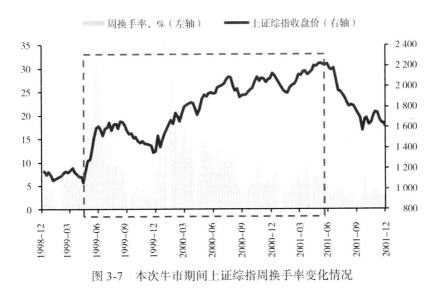

图 3-7　本次牛市期间上证综指周换手率变化情况

资料来源：Wind，兴业证券经济与金融研究院。

第五节　行业表现：

油价驱动能源领涨，"五朵金花"初露锋芒

本次牛市期间，因全球经济复苏，油价上涨，驱动能源板块以 136% 的涨幅领跑牛市。1998 ~ 2002 年间，全球经济处于复苏阶段，GDP 增速逐步走出前期 2% 的谷底。原油价格由 10 美元 / 桶上涨至 30 美元 / 桶，波罗的海指数（BDI 指数）由 1000 点上升至 2000 点，基本面利好驱动能源板块走强。

几乎所有行业的盈利情况都遭遇了不同程度的下挫，估值端有所提升，成为牛市的主要驱动力。其他行业来看，涨幅基本处于 105% ~ 120% 范围。公用事业、金融地产板块排名相对靠后，分别上涨 90%、81%（见图 3-8）。本轮牛市期间，由于中国处于转型阶段，经济增速较低，企业盈利都出现了一定程度

的下滑，估值提升成为牛市上涨的主要动力。

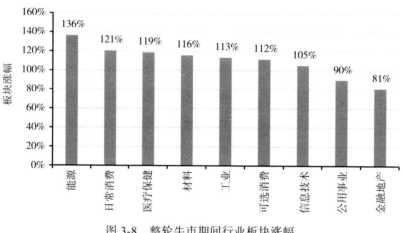

图 3-8   整轮牛市期间行业板块涨幅

资料来源：Wind，兴业证券经济与金融研究院。

1999 年 5 月 17 日～6 月底，信息技术领跑涨幅榜。此时正值美股纳斯达克市场火热的阶段，证监会表态"可以考虑设立科技企业板块"以及朱镕基总理参观纳斯达克，这两方面叠加引发了市场对中国"科技股"的想象，信息技术板块上涨 92%，此外直接受益于前期房地产市场化政策的金融地产板块上涨 77%。其余板块涨幅基本集中在 55% ～ 65% 附近，板块间未见明显分化（见图 3-9）。

市场个股呈现普遍上涨的状态，近 30% 的个股涨幅超过上证综指。这一阶段仅有两只股票下跌，上涨 25% 以内的股票占 6%，上涨 25% ～ 50% 的股票占 36%，上涨 50% ～ 75% 的股票占 35%，上涨 75% ～ 100% 的股票占 14%，另有 9% 的股票涨幅超过 100%。

1999 年下半年，金融地产和公用事业板块分别下跌 26%、30%，在所有行业中跌幅较大。其余板块跌幅位于 20% ～ 25% 范围内，板块间的分化不算明显（见图 3-10）。医疗保健行业盈利增长 33%，金融地产行业盈利下降 31%，其他行业盈利情况变化不大。几乎所有板块 PE 都有所下降，盈利端表现不振、估值下杀是这段时间股市回调的直接原因。

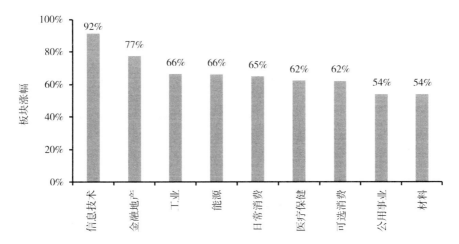

图 3-9　1999 年 5 月 17 日～ 6 月底信息技术和金融地产板块领涨

资料来源：Wind，兴业证券经济与金融研究院。

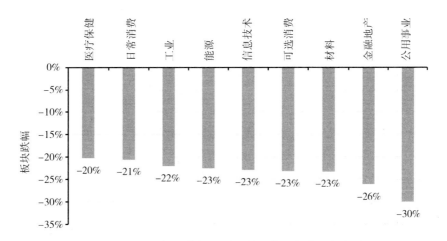

图 3-10　1999 年下半年金融和公用事业板块跌幅较大

资料来源：Wind，兴业证券经济与金融研究院。

市场个股普遍下跌，近五成个股跌幅超过上证综指。这一阶段，跌幅超过
40% 的股票占 7%，下跌 30% ～ 40% 的股票占 20%，下跌 20% ～ 30% 的股票
占 28%，下跌 10% ～ 20% 的股票占 18%，下跌 10% 以内的股票占 14%，上涨
的股票仅占 13%。

　　2000 年～ 2001 年 6 月 13 日，"五朵金花"[⊖]初露锋芒，能源、材料、公用
事业实现戴维斯双击[⊜]，涨幅均在 75% 以上。在宏观经济开始复苏、企业盈利
出现改善的环境中，能源、材料、公用事业行业的盈利基本面表现较好，2000
年初时它们也是估值最低的三个板块，受到盈利改善和估值提升的双轮驱动，
涨幅均达到 75% 以上。房地产板块上涨 57%，信息技术和金融板块涨幅不足
40%，表现较差。虽然行业盈利情况也可圈可点，但估值已经处于高位，限制
了板块进一步上涨，金融和房地产的估值对板块涨幅甚至是负贡献。可选消费、
医疗保健、日常消费、工业板块涨幅大致处于 65% ～ 70% 的水平上，盈利表现
较为平庸，板块涨幅主要靠 PE 提升贡献（见图 3-11）。

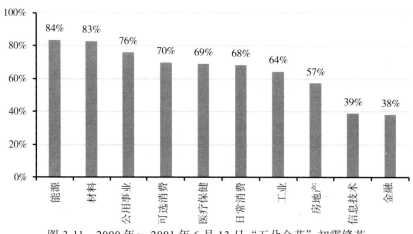

图 3-11　2000 年～ 2001 年 6 月 13 日 "五朵金花" 初露锋芒

资料来源：Wind，兴业证券经济与金融研究院。

　　市场个股涨幅普遍较高，40% 个股涨幅超过上证综指。这一阶段中，仅
有 4% 的股票下跌，上涨 25% 以内的股票占 14%，上涨 25% ～ 50% 的股票占
19%，上涨 50% ～ 100% 的股票占 36%，上涨 100% ～ 150% 的股票占 18%，
另有 9% 的股票涨幅超过 150%。

　　⊖　"五朵金花" 代指 A 股中煤炭、汽车、电力、银行与钢铁这五大行业板块。
　　⊜　戴维斯双击是指一个公司利润持续增长使得每股收益提高，同时市场给予的估值也提高，
　　　　股价得到了相乘倍数的上涨。

第六节　重要事件：
"老十家"成立，投资者机构化迈出第一步

　　1998～2001年间，我国公募基金开始起步，标志着A股机构化的重要一步。1997年11月，《证券投资基金管理暂行办法》颁布，证券投资基金业开始进入规范化、正规化阶段。1998年3月，国泰基金管理公司、南方基金管理公司相继成立，分别发行了"基金开元"和"基金金泰"两只封闭式股票型基金，规模均为20亿元，封闭期15年。1998～1999年间，在国泰和南方之后，华夏、华安、博时、鹏华、嘉实、长盛、大成、富国基金公司相继成立，也就是业内所谓的"老十家"。2000年10月，证监会正式颁布《开放式证券投资基金试点办法》，以此揭开了我国开放式基金发展的全新篇章。2001年9月，我国第一只开放式基金华安创新成立。2004年6月《证券投资基金法》公布并开始实施，确立了基金行业运行的法律框架，为我国基金业以及资本市场和金融业的健康发展奠定了法律基础，我国证券投资基金起步阶段的重要事件时间轴见图3-12。

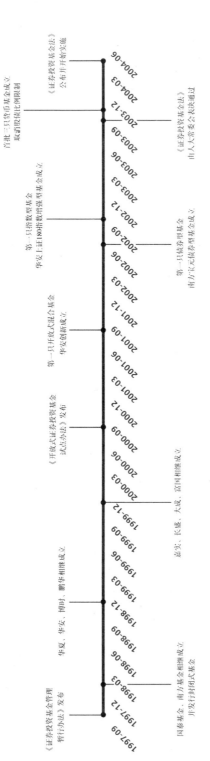

图 3-12　我国证券投资基金起步阶段的重要事件时间轴

资料来源：兴业证券经济与金融研究院。

第四章

2005～2007年：
基本面与改革共同推动的"繁荣牛"

第一节　始于股改，止于"水"枯的超级"繁荣牛"

　　20世纪末，商品房改革开启我国第一轮重工业化进程。1998年起特大洪水、国企改革带来的"失业潮"对通缩来说是雪上加霜。我国经济出现衰退的迹象，1998～2001年GDP增速仅7%～8%，CPI至0附近。为了刺激内需，决策层推出了商品房改革，通过鼓励银行开展个人住房贷款以及提供住房补贴的方式直接刺激房地产的发展。

　　地产和基建大规模投资导致经济过热、通胀升温，建设部、央行等监管部门密集出台宏观调控政策并收紧流动性。随着房地产市场的关注度提升，房价也开始出现较快上涨。而固定资产投资的快速扩张导致原材料价格上涨，多地区因"电荒"开始实施限电政策。建设部等六部委于2002年发布了《关于加强房地产市场宏观调控促进房地产市场健康发展的若干意见》，重点加强了对房地产开发贷款使用的监管，但市场的热情仍未冷却。市场认为此轮地产周期的结束与2003年的"非典"有关，但实际上"非典"对经济的负面影响低于预期，反而使宏观调控政策延期出台，导致当时CPI一路上行超过5%。2003年11月的中央经济工作会议针对信贷投放偏快等"局部苗头性问题"做出了预警。2004年2月，国务院要求对钢铁、电解铝、水泥三大行业进行清理检查；同年3月，发改委叫停这三个行业的新建企业和新建生产项目，同时央行发布《关于进一步加强房地产信贷业务管理通知》限制个人贷款发放范围，允许商业银行适当提高首付比例，不再执行优惠贷款利率等。

2005年4月29日，证监会发布《关于上市公司股权分置改革试点有关问题的通知》，股改试点启动。然而市场对此的反应大大违背了监管层的预期，一个在事后被认为是解救中国四年熊市的"大礼包"，在当时却被市场解读为重大利空，6月6日股市一路下跌直至最低点998点。

之后谁也没有想到2005～2007年，在短短两年的时间内，A股走出了历史上至今未能超越的一次大牛市：上证指数从2005年6月探底998点后，一路直奔2007年10月16日的6124点，整整翻了6倍，上市公司总市值从3.2万亿元涨到28万亿元，涨幅近800%。在此期间个股平均涨幅接近900%，其中涨幅最高的10只股票涨了30倍以上，涨幅最大的中船防务涨幅达到58倍。

本次牛市的特殊之处在于：这是一次在货币与财政双双收紧的情况下，由基本面利好驱动的"繁荣牛"。历史上的多数牛市诞生于宽松的货币环境或积极的财政政策，然而在本次牛市中，国家为了抑制经济过热，货币与财政政策均以紧缩为主。因此，经济基本面的繁荣，是本次牛市行情最重要的支持力量。经济基本面繁荣对股价形成强力支撑，而股权分置改革则为资本市场充分扩容，持续扩大的国际收支顺差以及公募基金的发行高峰则为资本市场补充流动性，进而推动了本次牛市的形成。

除了基本面和流动性之外，打击庄股、健全资本市场体制、矫正投资理念也是成就本次史无前例的牛市的重要因素。2004年以前，A股市场"庄股横行"，中科创业、银广夏、东方电子等多只个股在2000年借牛市的东风被庄家拉升至高位，公司股价操纵或财务造假东窗事发之后均以连续跌停收场。2000年12月底，以中科创业为代表的"中科系庄股"连续七个交易日跌停，同属"中科系"的莱钢股份等个股市值也每天"缩水"上亿元，引发了市场与监管层的关注。2001年3月，香港证监会前任执行董事史美伦履新中国证监会副主席，成为新中国历史上以港、澳、台地区专业人士身份出任中央政府副部级官员的第一人，也标志着监管层打击"庄家"的开始。史美伦曾领导香港证监会与联交所共同打击黑庄行动，在上任后开始对亿安科技等庄股进行调查并作出重罚。2002年6月11日，被称为中国证券市场头号大案的"中科系"股票操纵案在北京开庭审理，此后世纪中天等一系列庄股都纷纷崩盘。2004年2月，《国务院关于推进资本市场改革开放和稳定发展的若干意见》发布，简称"国九条"，史无前例地提出"重视资本市场的投资回报"，并将"保护投资者特别是社会公众投资者的合法权益"作为头条列出。2004年4月"中国股市第一庄""德隆系"股票崩盘，意味着自20世纪90年代以来，令投资者痛苦不安的庄股时代落幕，A股市场投资理念开始出现根本性变化。

2006～2007年，在通胀一路上行的背景下，政府两年内连续8次加息，13次提高存款准备金率，但无论对于过热的经济还是资本市场来说并没有表现出特别大的影响。2007年5月30日凌晨，一则爆炸性新闻出现在当天零点央视二套的《经济新闻联播》——我国证券交易印花税从1%调整为3%，日后被称为"半夜鸡叫"，这成为此次牛市的拐点。次一个交易日股指从最高点4335点一路滑至最低点3858点，连续击穿5个整数关口，最后收跌了283点，900多只个股跌停。此后到10月股市经历了最后的泡沫疯狂期，2007年10月16日，上证综指最终触顶6124点，而后开启了A股历史上最为惨烈的一次熊市，2007年10月16日～2008年10月28日，指数一泻千里，仅一年时间，股指便从6124

点狂跌至 1664 点，上市公司市值也从 28 万亿跌到 14.8 万亿，跌了近一半。本次牛市具有明显的阶段性特征，如图 4-1 所示。

第二节　宏观环境：
全球化浪潮下，经济增长的"黄金年代"

一、WTO 贸易红利下，双顺差带动经济两位数增长

贸易红利下，资本项目和经常项目顺差快速扩大，经济增速维持两位数的高速增长水平。自 2001 年加入世贸组织起，我国出口额连年大增。2005 年我国贸易顺差首次突破 1000 亿美元，较 2004 年翻了两番，此后 2006、2007 年继续以 50% 的增速快速扩大，2008 年我国贸易顺差已接近 3000 亿美元，我国长期以来一直奉行的"出口导向"政策也在此定型。同时，我国对外贸易的依存度也在快速提高，到 2005 年年底已经升至近 65%。外贸依存度的提升也使得 2008 年金融危机后引发的外需的下滑，对我国经济的下跌产生了极大的负面影响。2005 ～ 2007 年可以说是中国经济最好的年代，GDP 增速基本维持在 10% 以上，工业增加值和工业企业利润双双向好，就业形势乐观。

出口快速上升，因而企业盈利迎来了历史高点。整体来看，2006 ～ 2007 年间，全部 A 股上市公司盈利情况较之前明显好转，净利润增速从 2005 年间的负增长到 2007 年第一季度的 118%，得到了大幅提升，全部 A 股盈利迎来历史高点，表现强劲。

二、流动性被动扩张，各类资产价格快速上涨

双顺差带来外汇储备过度增长，流动性出现了被动扩张。2005 ～ 2007 年间贸易顺差持续扩大，中国汇率改革使得人民币升值且升值预期带来了超额的流动性，2007 年全年 M2 同比增速一直在 20% 上下高位运行，各类资产价格开始

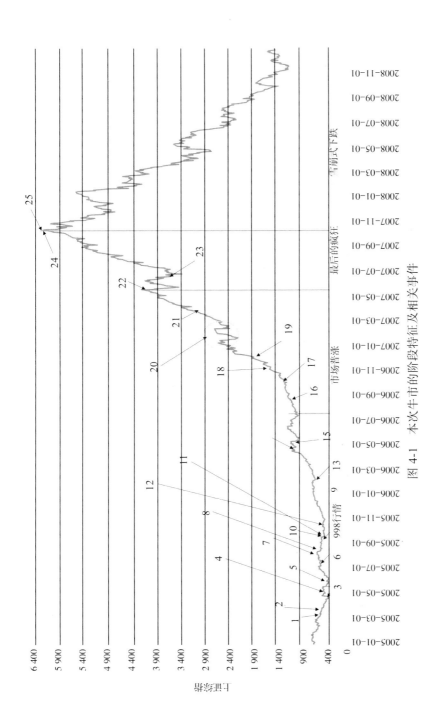

图 4-1　本次牛市的阶段特征及相关事件

注：1—股权分置改革试点工作启动；2—首批 4 家股权分置改革方案后，可通过二级市场增持流通股；3—上证综指跌破千点，整数关口；4—证监会发文明确上市公司控股股东在股东大会通过改革方案后，可通过二级市场增持流通股；5—人民币汇改；6—宝钢权证正式上市；7—《上市公司股权分置改革管理办法》发布，我国的股改全面进入实质操作阶段；8—全面股改首批 40 家上市公司名单公布；9—国际原油价格大涨；10—《证券法》修订；11—修改个人所得税法；12—中小板 50 家公司股权分置改革全部完成，沪深首个全流通板块诞生；13—"十一五"规划通过；14—首次公开发行股票并上市管理办法》正式实施，股市逆来全流通时代；15—"国六条"出台；16—"新国八条"出台；17—工商银行 A+H 股上市；18—上证指数在 6 年后重返2000 点；19—嘉实基金发规模最大基金；20—"泡沫论"盛行，2007 年 1 ~ 2 月股市爱荡杀跌，2 月 27 日上证综指下跌 8.84%，深证成指下跌 9.29%，创下 1997 年以来最大单日跌幅；21—美国次贷危机爆发；22—印花税上调；23—截至 2007 年 6 月末，基金资产管理规模已达到 1.8 万亿元；24—"十七大"召开；25—2007 年 10 月 16 日，上证综指冲破 6000 点，最高到达 6124 点，是有史以来最高点位。随后蓝筹泡沫破灭，牛市终结。

资料来源：Wind，兴业证券经济与金融研究院。

出现快速上涨的势头。

房地产市场尤为火爆，房价、地价不断创出新高。2007年7月，湖南长沙新河三角洲地块由北辰实业和北京城开联合以92亿元巨资收入囊中，9月成都红星路地块以72亿元出让。"地王"频现，2007年的房市热度空前高涨。从房价来看，2007年70个大中城市房价上涨7.6%，涨幅比去年提高2.1%之多。2007年11月全国70个大中城市房屋销售价格涨幅首次突破两位数，达10.5%，再创两年来新高。北京的房屋平均销售价格从2005年的6788元到2007年达到11 553元，短短两年翻了将近一倍。商品房销售面积在股市大牛的情况下急速上涨，房地产市场迎来了一个快速上涨期。

三、顺差失衡，通胀"猛如虎"，宏观调控再度登场

通胀在2007年年初开始抬头，主要是农产品价格上涨所致。出口的快速增长导致国际收支失衡趋势更加明显，贸易顺差从2005年的1021亿美元升至2007年的2620亿美元，海外市场对低价的中国商品开始产生对立情绪，反倾销调查数量攀升。经济过热下，2007年年初通胀开始抬头，CPI超过3%之后一路上行，到达2008年4月的8.5%，主要由猪肉等农产品价格上涨导致，其间猪肉价格同比涨幅高达81%。

为了抑制经济过热带来的通胀影响，央行针对性地实行了稳中适度从紧的财政与货币政策。中央政府也实施了严格的抑制投资过快增长的措施，如落实土地管理和耕地保护目标责任制、完善行业市场准入标准等。2007年，由出口拉动的制造业投资增速较高，而财政政策收紧，减少赤字规模导致基建投资快速下滑，致使固定资产投资中制造业和基建投资出现剪刀差。但从固定资产投资完成额总体来看，在严格的政策之下，2006年起，固定资产投资增长过快的势头就已经有所回落。在2007年财政紧缩下，较为罕见地出现了财政收支盈余。

房地产市场也迎来了提高首付比例、按揭利率等密集调控政策。2005年房贷优惠政策取消，房地产交易环节征税；2006年，中央政府出台堪称调控重拳

的"国六条"以促进房地产业健康发展，建设部等六部委颁布"外资限炒令"以加强对外商及境外机构投资房地产的管理；2007年继续加强外资管理，回归廉租房制度，提高二套首付。国家连续多年对房地产市场进行严格调控，但作用一直不大，房市仍旧火热。到了2007年，在严格的措施下以及流动性持续收紧的背景下，房地产投资增长和房价过快上涨的势头终于得到了初步的抑制，房地产开发投资及销售面积终于开始下降。

第三节 独特的流动性环境：热钱涌入，"基"动人心

一、政策在缩，但流动性越来越好

2005～2007年间贸易顺差持续扩大，人民币升值等吸引外部的热钱流入，带来了超额流动性。从量上看，M2同比增速从2005年初的14.1%上升至年末的17.6%，社会融资规模也不断上涨，从2005年的负值到2007年的高点6961亿元；从价上看，2005年利率大幅下行，10年期国债收益率从年初的5.22%下降到年末的3.12%。

为了回收流动性，央行在2005～2007年间施行了8次加息，13次提高存款准备金率。因此，央行针对性地实行了稳中适度从紧的财政与货币政策，2006年2次加息、3次上调法定存款准备金利率，2007年再实施6次加息、10次上调法定存款准备率，意图抑制流动性过剩、抑制投资增幅、稳定通货膨胀预期。

此外，央行还通过发行央票的方式来回收流动性。2003年4月央行开始发行中央银行票据，央票余额快速上升至2017年9月的4.2万亿，2007年单年发行就接近万亿。同时为了缓解滚动到期的压力，央行不断完善票据的期限品种，通过3个月、6个月、1年、3年期4个品种灵活调节信贷投放，其中1年期央票占比最高。2003～2008年间，央行总计发行央票17万亿，开展正回购操作近8万亿，对防止流动性过快增长起到关键作用。

二、IPO重启，并购重组活跃，公募基金兴起

IPO重启，募资、冻结规模创新高

2005年4月29日，证监会发布《关于上市公司股权分置改革试点有关问题的通知》，股改试点启动。随着股改进程过半、股票市场秩序恢复，2006年6月2日，暂停了长达一年之久的IPO终于重启。伴随着市场活跃度的提升，IPO节奏也开始加快，募资规模屡创新高：重启前，每年IPO数量一般为80家左右，募资规模600亿～700亿左右；重启后，IPO数量上升至100多家，募资规模超过千亿，多个"巨无霸"接力上市，工商银行首发募资466亿元，中石油首发募资668亿元，中国神华首发募资666亿元，建设银行首发募资581亿元，2016年IPO募资规模为1339.3亿元，2017年则高达4770.8亿元。我们回头来看，股票市场"失血"过度也是导致牛市行情破灭的原因之一。

股权分置改革为并购重组带来机遇

由于大部分股改的模式为大股东向流通股股东送股以换取流通权，导致大股东容易失去了绝对控股地位，便于收购方在二级市场收购这类上市公司的股权。此外对价除权使A股的价格下跌了平均20%左右，一些资金因此看到了这个股改所带来的千载难逢的机遇，如国元证券借壳北京化二、国金证券借壳成都建投、东北证券借壳锦州六陆。外资也对A股"虎视眈眈"，拉法基并购双马、鼎辉联合高盛并购双汇等。2006年，我国也出台了一系列并购相关的政策，其中《上市公司收购管理办法》对上市公司并购行为进行了规范，《关于外国投资者并购境内企业的规定》对外资并购进行了引导，并购法律环境的逐步完善也促进了市场的繁荣。2007年，证监会成立并购重组审核委员会，并购重组数量和金额创下新高。

公募基金的兴起为股票市场带来增量资金

此次行情开始时点为2005年第二季度，那时公募基金不到200只，而到

2007年年底公募基金数量近350只，短短两年之内数量近乎翻倍。如今30亿股基已经不太常见，但2007年伴随着基金销售火爆，百亿股基频出：2007年8月交银蓝筹股票基金募集117亿；8月13日中邮核心成长基金募集150亿；8月15日，华安策略优选基金募集111亿（封转开）；8月21日光大保德信优势基金募集99亿；9月、10月发行的四只QDII（合格境内机构投资者）基金更是被疯抢，四只的募集规模均在300亿左右。由于基金销售太过火爆，部分基金的最终确认份额只能按比例配售，2007年4月10日发行仅募集一天的上投摩根内需动力，当日有效认购资金达900.97亿元。该基金最后募集98.85亿，确认比例仅11.09%。

第四节　难忘6124点，超级"繁荣牛"再回首

一、牛市始于股改，市场在波折中前行

国有股减持的前车之鉴使投资者对股权分置改革持悲观预期。我国证券市场设立之初，国有股事实上处于暂不上市流通的状态，从而形成了股权分置格局。1999～2001年间，政府通过推行国有股减持，试图改变股权分置格局。然而效果并不理想，供给的扩大导致股市最大跌幅达32%，为1994年以来最大跌幅，政府不得不紧急叫停国有股减持改革。2005年4月29日，中国证监会发布《关于上市公司股权分置改革试点有关问题的通知》，股权分置改革试点工作再次启动。

长期来看，股权分置改革有利于两类股东利益的统一，将改善公司治理结构，为企业和证券市场带来长期利好。然而，在改革初期，股权分置改革在短期内使股市承压，具体表现为：在供求关系方面，股权分置改革短期内将带来巨量流通股，加剧了供需失衡；在股东利益博弈方面，在大股东与流通股东的博弈中，流通股东明显居于劣势，难以实现利益统一，因此在全流通市场出现之前，股权分置改革对公司治理结构的改善效果有限；⊖在资金入市意愿方面，

⊖　王朝晖，张向群. 对我国股权分置改革的再认识 [J]. 工业技术经济，2005，024 (009): 5-6.

市场普遍预期优质公司低对价，劣质公司高对价，使得原有的市场估值体系发生混乱。对价支付的不确定性高，机构及个人投资者入市意愿受到抑制，在投资者将股改看作是利空的背景下，上证指数持续在1100点左右震荡徘徊，其间甚至探底998点，这也是著名的"998"行情的由来。

市场的悲观情绪随着股改的快速推进而逐步消退，中小板股改的完成是市场开启上涨通道的重要拐点。尽管行情惨淡，时任证监会主席尚福林的一句"开弓没有回头箭"表达了将股改进行到底的决心。随即，在尝试性地推出4家上市公司进行试点后，证监会在2005年9月再次公布了40家上市公司名单，宣布股改正式进入全面铺开阶段。随着股改进程推进，资本市场的定价功能也在逐步完善，股权分置改革大事记见表4-1。我国资本市场主要采用相对估值法为公司定价，股改之后，资本市场扩容，可比公司估值方法的运用空间也进一步扩大，完善了资本市场的定价功能。相应地，资本市场的有效性也得以提高，市场对实体经济的敏感度上升，实体经济的繁荣也会反映在股价的提振上。"快刀斩乱麻"的方式可以说是后市企稳，成就此次牛市的重要因素。2005年11月，中小板50家公司股权分置改革全部完成，沪深首个全流通板块诞生。市场对于股改带来的负面认知逐步消退，叠加实体经济向好，上证指数也从1100点一路涨至1700点。

此外，人民币汇改触发的资产重估理念也是市场企稳向上的重要因素。2005年7月21日晚7点，中国央行正式宣布人民币兑美元汇率上调2.1%，并正式引入参考一篮子货币的外汇机制。人民币的升值直接带来以人民币计价资产价值的重估，同时股改带来的制度变迁也开始提升A股市场的吸引力。海外产业资本和投资者率先行动，世界水泥巨头拉法基并购区域性水泥公司四川双马；瑞银出资17亿元巨资参股北京证券；通用消费金融1亿美元高价接盘深发展部分股权；建设银行在港招股受到热捧。股权分置改革为并购资本提供了变现渠道，全流通后并购可以在二级市场上展开同时也可以通过二级市场来完成退出，如图4-2所示，政策引领下市场逐步走出"股改"影响，牛市初现。

表 4-1　股权分置改革大事记

日　期	内　容
2004-01-31	国务院发布《关于推进资本市场改革开放和稳定发展的若干意见》，提出要"积极稳妥解决股权分置问题"
2005-04-29	中国证监会发布《关于上市公司股权分置改革试点有关问题的通知》，股权分置改革试点工作启动
2005-06-09	股权分置改革具有标志性意义的三一重工股改方案首家获通过
2005-06-16	证监会发布《上市公司回购社会公众股份管理办法》及《关于上市公司控股股东在股权分置改革后增持社会公众股份有关问题的通知》，明确上市公司控股股东在股东大会通过股改方案后，通过二级市场增持流通股
2005-09-12	全面股改首批 40 家上市公司名单公布，宣布股改正式进入全面铺开阶段
2006-03-23	《国务院 2006 年工作要点》要求年内基本完成股权分置改革
2006-12-31	沪深两市共有 1 269 家公司完成了股改或进入股改程序，市值占比为 97%，股改工作基本完成
2007-12-31	沪深两市共 1 298 家上市公司完成或者已进入股改程序，占应股改公司的 98%；未进入股改程序的上市公司仅 33 家

资料来源：Wind，兴业证券经济与金融研究院。

二、实体繁荣叠加情绪高涨带动行情普涨，股指 5 个月翻倍

这一时期我国实体经济繁荣、企业经营改善，居民储蓄、机构资金、外资热钱均快速涌入 A 股，资本市场表现节节攀升，市场投资热情高涨带动行情普涨，以"四大行"为代表的大量蓝筹股 IPO，成为后市上涨的主要动力。

2006～2007 年，中国实体经济高景气：2007 年 GDP 达到 14.20%，处于历史高位；贸易顺差持续扩大，2007 年 12 月经常项目差额达到 3531.83 亿美元，同比增长 52.34%，资本项目差额达到 942.32 亿元，同比增长 91.12%，海外热钱加速流入国内；房价地价屡创新高，2007 年"地王"频现，70 个大中城市房价上涨 7.6%，同比增长 2.1%。宏观环境利好的背景下，企业经营成本持续降低：低利率环境下，企业融资成本降低；2007 年 2 月，正式开始施行两税并轨制，企业税负成本降低。除了降低经营成本以外，股改也能够改善企业经营，股改基本成功后，大股东与流通股股东的利益趋于一致，大股东更加重视公司发展，而管理层也将在股权激励下提高经营效率。

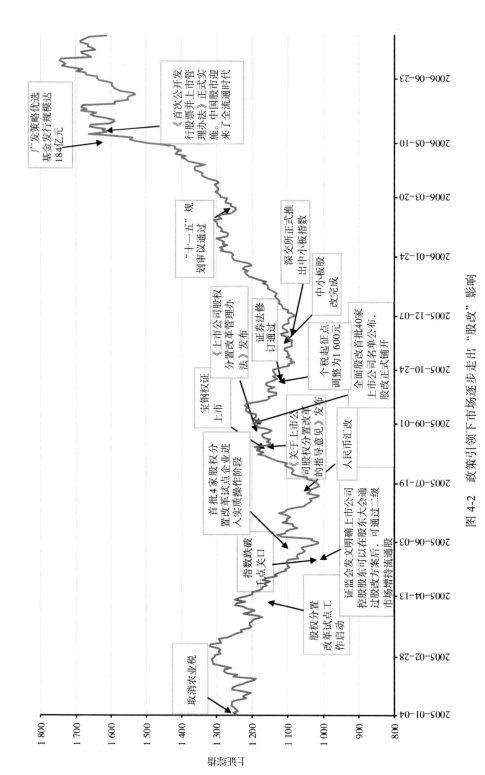

图 4-2 政策引领下市场逐步走出 "股改" 影响

资料来源：Wind，兴业证券经济与金融研究院。

经济向好叠加资本市场表现节节攀升，投资者热情高涨。根据《基于BW模型的A股市场投资者情绪测度研究》，可构建度量投资者情绪的指标，2006年8月时的投资者情绪为28.57，而到2007年5月时，投资者情绪指数已攀升到192.81。投资者高涨的情绪在股票成交金额与成交数量上反映出来，2006年8月～2007年5月，股票成交额由5449.36亿元上升到58944.93亿元，增幅接近10倍，股票成交量由1011.81亿股增长到4328.55亿股，增幅超过3倍。

这一时期，大量散户进入A股市场，居民储蓄向股市分流。2006年，我国居民人均GDP达到16738元，同比增长12.10%，居民对金融资产的需求旺盛。在牛市行情的鼓舞下，散户竞相入市。A股个人账户开户数由2006年8月的14.29万户上升到2007年5月的559.44万户，增长了近40倍。A股的吸引力大增，还具体表现在居民储蓄分流方面：2006年8月～2007年5月间，城乡居民储蓄存款余额增速趋缓，从1.47%下降到1%以下，在2007年5月，居民储蓄存款余额增速甚至为负。散户投资热情高涨，"市民排队抢购基金"的报道屡见不鲜，2006年12月6日发行的嘉实策略增长基金首发规模便达到400亿元，成为当时中国首发规模最大的基金。

机构资金入市，公募基金管理机构成为A股市场主要参与者。在牛市行情的鼓舞下，机构投资者选择配置A股。2006年，28个申万一级行业中，机构投资者持股市值占比上升的行业有25个。机构投资者在A股市场中扮演的角色越来越重要。2006年基金年报显示，基金持股市值达到4760.27亿元，占A股总市值的65.49%。机构增量资金的入市，对股价形成了有力的支撑。

除了国内机构，外资热钱也在快速涌入A股。2005～2007年间贸易顺差持续扩大，人民币升值等趋势出现，吸引外部的热钱流入。2006年8月24日，证监会、人民银行、外汇局联合发布《合格境外机构投资者境内证券投资管理办法》，进一步降低外资投资门槛。截至2007年5月底，QFII（合格境外机构投资者）获批投资额度已提升到100.45亿美元，而外资持股市值达到440亿元，同比增长 136.45%，对 A 股流通总市值占比达到 1.13%。

以"四大行"为代表的大量蓝筹股 IPO，成为后市上涨的主要动力。2006 ~ 2007 年间，四大国有银行中的三家陆续完成股份制改造，并在香港联交所和上交所上市。2006 年 10 月 27 日，中国最大的商业银行——中国工商银行在上海和香港两地成功实现 A+H 同步上市，发行募集资金达到 1732 亿元，刷新全球 IPO 纪录。同时带来上证综指，主要是银行股的又一波上涨。以 2006 年最后一个交易日为例，当日中国国航、中国银行等蓝筹股相继涨停。而工商银行当日也创出了上市以来的新高，大涨 5% 以上，A 股总市值提升至 11870.5 亿元。在蓝筹股主力的推动下，大盘成功站上 2675 的点位。

随着大盘一路上涨，"泡沫论"的讨论越演越烈。看多一方认为，中国股市 2006 年以来的牛市行情只是一个恢复性上涨行情，而以价值重估为主题的大牛市、长牛市行情依旧具有巨大潜力。而部分经济学者、投资家发表了看空言论。2007 年 1 月 9 日，经济学家谢国忠发文宣称"警惕股市泡沫"，而吴敬琏也认为"流动性泛滥直接导致了股市的疯涨"。1 月 24 日，投资家罗杰斯则提出"中国市场处于歇斯底里的状态"。1 月 29 日，经济学家成思危更是在讲话中表达了对中国股市大幅上涨的担忧，而成思危的相关政府背景使其观点被市场解读为决策层的想法。

"泡沫化"的争论下，中国股市经历了两度惊魂跳水。2007 年 1 月 25 日，即罗杰斯的看空言论发表的次日，上证综指跌幅近 4%。而在成思危讲话后的 1 月 30 日，股指再度下跌，上证综指下降 100 余点，而深证成指则暴跌 600 余点。而在 2 月 27 日，股市再次上演类似 1 月底的惊魂跳水，收盘大跌 8.84%，创出了 1996 年 12 月 17 日以来的单日最大跌幅，两市合计有 928 只个股最终被封死在跌停板上。

2007 年 5 月 30 日凌晨，财政部突然宣布证券交易印花税将从 1‰ 调整为 3‰，尽管实质上对证券交易的影响并不算大，但此举被市场解读为证监会出手加强监管 A 股的一个强烈信号。第二日开盘后，沪深两市出现大面积下跌：上证综指大跌近 300 点，深证成指大跌超 800 点，超过 800 只个股出现跌停。在随后的一周内，股市从 4300 点一路跌至 3400 点，许多个股连续遭遇三个跌停，投资者因此损失惨重，史称"5·30"事件，也被戏称为"半夜鸡叫"。[⊖]这一次行情以"半夜鸡叫"结束（见图 4-3）。

三、公募"登台"，蓝筹股上演"最后的疯狂"

"5·30"事件过后，管理层实施以密集发行开放式新基金为代表的"纠错"行为，在 2007 年 6 月，股票型基金与混合型基金发行规模总和便达到 234.05 亿元，达到 2001 年以来的最高点。管理层希望通过机构投资者的理性投资引导市场将注意力从题材股转移到蓝筹股上。此时，在拆分、大比例分红等迎合市场的基金销售策略下，基金行业快速发展壮大。截至 2007 年 6 月末，国内基金的总资产管理规模已经达到 1.8 万亿元人民币，其中投资股票总市值达到 1.3 万亿元，占 A 股市场流通市值的 25%。这一比例相较 2006 年第二季度的不足 15%，有较大幅度的提升。加之两个多月以来市场上涨超过 40%，基金业的资产规模已经突破了 2.5 万亿元，向 3 万亿元逼近。中国 A 股市场正在由群雄逐鹿转向"一基独大"。[⊖]

基金净买入最多的都是当年热门的龙头股及蓝筹股，主要涉及金融、机械设备、房地产以及资源类行业。截至 2007 年 6 月，按持股总市值排名，基金重仓前五名的股票分别是招商银行、浦发银行、万科 A、中国平安和中信证券，金融行业个股占 4 只，足见基金对金融行业的偏爱。此外，基金对中国人寿、兴业银行、民生银行、宝钢股份等优质蓝筹股也频繁操作。从 9 月份开始，市场已经完全消化了"5·30"事件的影响，蓝筹股裹挟着大盘一路上涨，从 5300 点一路上行至 6100 点，市场上个股的涨跌幅表现呈现典型的"二八分化"。有

　　⊖　赵玮玮. 从我国金融市场发展看上市公司股权融资偏好及其对企业利润的影响 [D]. 湖南大学，2017.

　　⊖　赵迪. 资本的崛起：中国股市二十年风云录 [M]. 北京：机械工业出版社，2011.

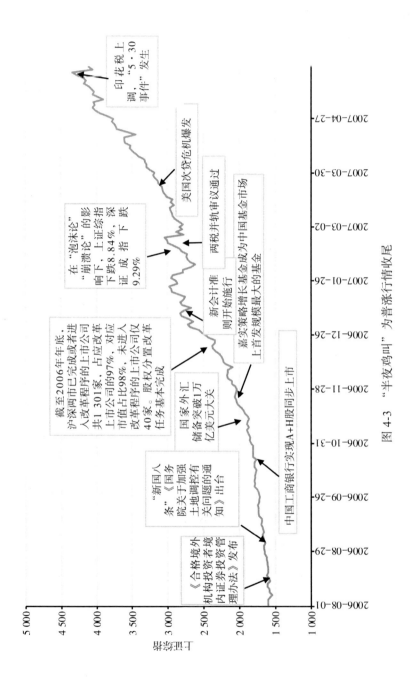

图 4-3 "半夜鸡叫"为普涨行情收尾

资料来源：Wind、兴业证券经济与金融研究院。

意思的是，如果我们进一步去研究当时公募持仓的情况，可以发现重仓的基本都是现在所谓的核心资产[⊖]。

四、"巨无霸"连续抽血，压垮牛市的最后稻草

为了防止经济过热，限制流动性泛滥，央行在 2005～2007 年间持续收紧货币政策。2007 年 12 月 5 日的中央经济工作会议更是将"稳健的货币政策"调整为"紧缩的货币政策"。进入 2008 年后，针对流动性依然过多的情况，2008 年上半年持续施行紧缩的货币政策，央行将存款准备金率继续上调为 17.5%，并发行央行票据 2.94 万亿元，同比增长 13.08%，开展正回购 2.35 万亿元，同比增长 85.04%。央行持续收紧货币政策，宏观层面上限制了资本市场的流动性，对资金流入股市形成了阻碍。

前期大规模募资、后期流动性收紧的背景下，股市"失血过度"是牛市终结的直接原因。以 2007 年为例，共有 120 家公司 IPO，募集资金 4469.96 亿元，中国人寿、大秦铁路、中国铝业、交通银行、建设银行、中国神华、中国石油等"巨无霸"纷纷在 A 股上市，当年冻结金额超过万亿规模的 IPO 就接近 20 家。此外，定向增发规模 3560.49 亿元，与 IPO 规模不相上下。

散户方面，2007 年 10 月后居民储蓄余额开始回流，自 2007 年 10 月起，金融机构人民币各项存款余额增速由负转正；机构投资者方面，机构加仓乏力，2007 年机构持股市值占比稳定在 15% 左右，增量资金不再；外资方面，QFII 与 QDII 代表的外资逐步撤离 A 股，2007 年下半年 QDII 制度实施，基金、保险累计汇出资金近 2000 亿元。散户、机构投资者与外资纷纷撤离 A 股，"供血不足"也是牛市终止的重要原因。

从成交量与新增开户数也可看出，牛市后期股票市场募集资金的乏力。2007 年 5 月，A 股成交量及开户数已经升至最高点，随后不断下降。即使 2007

⊖ 核心资产指的是中国各个行业及细分领域中具备核心竞争力、公司财务指标优秀、公司治理稳健的龙头企业，具体可以参见《投资核心资产：在股市中实现超额收益》一书。

年 10 月指数继续被拉升至 6124 点，但从成交量来看，市场的活跃度已经大不如"5·30"之前（见表 4-2）。

　　增量资金难以为继的背景下，前期快速上涨带来的估值泡沫"一触即溃"。从市场特征来看，A 股上市公司业绩高增长，但是估值泡沫更为严重，高估值难以持续获得上市公司业绩高增长的支撑。2007 年上半年，沪深 300 与万得全 A 净利润同比增速分别达到 212.84% 与 199.78%，但市场情绪在牛市的氛围下更加火热，沪深 300 与万得全 A 的 PE 值分别由 2005 年 6 月 6 日的 13.27 和 18.43 上升到 2007 年 10 月 16 日的 51.12 和 58.22，均增长超过 2 倍，达到 A 股估值的历史最高位。过高的估值水平难以获得上市公司业绩高增长的持续支撑，A 股估值泡沫严重，尤其是被基金热炒的蓝筹股。

表 4-2　2007 年牛市顶点前后市场指标一览

	2005-06	2006-07	2007-05	2007-10	2008-10
上证综指（月均）	1 084.87	1 687.19	4 083.42	5 824.12	1 933.8
上证综指换手率（%）	1.30	2.26	6.33	2.49	1.11
A 股日均成交量（亿股）	25.91	62.55	55.1	102.53	71.79
A 股账户新增开户数（万户）	11.18	27.47	560.05	354.98	69.13
新发基金份额（亿份）	303.29	336.68	413.74	896.22	193.15

　　资料来源：Wind，兴业证券经济与金融研究院。

第五节　市场风格：
公募基金带动下，大票整体占优

　　从市场风格来看，本次牛市期间多次出现大小盘轮动的情况，但总体来说大市值个股表现占优，这本质上与公募基金的快速发展是分不开的。在牛市期间，大盘股是推动 A 股行情上行的主力，比如在 2006 年 11 月份后，工商银行、中国国航等大盘蓝筹股的入市，推动大盘冲过压力档位，一举重返 2000 点；又比如在 2007 年 7～10 月间，公募持仓占比较高的大盘蓝筹股快速上涨，带动

A股进入牛市的最后阶段。在部分时段内，中小盘股也能够超过大盘股，比如在2006年5～11月间和2007年3～6月间，中小盘股两度跑赢大盘股（见图4-4）。

在2005年6月～2006年7月间，牛市启动，市场磨底，大盘股总体优于小盘股。2006年6月证监会重启IPO，多个中小板公司上市吸引了资金关注，因此在阶段末期中证500指数反超沪深300指数，反映了小盘股跑赢大盘股的趋势。

2006年8～10月和2007年3～5月间中小盘表现略好于大盘股。然而，普涨行情下，大盘股在推动股市上攻方面再次发挥着带头羊的作用。尤其是在2006年11月后，随着四大银行、中国国航等入市，大盘蓝筹股成为A股突破历史新高的主力军。

2007年5～10月，大盘股长期跑赢小盘股。公募基金"登台"后，在其助推下，大盘蓝筹股成为推动行情的主力，市场上个股的涨跌幅表现"二八分化"现象明显。

大盘股在2007年10月～2008年4月间，点位长期高于小盘股。但在2008年4月后，随着牛市收尾，股市崩盘态势的进一步恶化，大小盘股走势几近重合，一路下跌。

第六节　行业表现：
电力设备、非银金融以及建筑位居前三

从本次牛市的行业区间涨跌幅来看，除了电子行业以外，基本上所有板块在本次牛市期间（2005年6月6日～2008年10月28日）的收益均为正。在"十一五"规划电网投资提速、电力装机容量大幅增长与光伏发电快速走向市场化的利好支撑下，电力设备行业领跑A股，板块涨幅达到230.73%，而受益于市场交易火热与借壳上市概念的非银金融板块涨幅达到224.21%。此外"地王"

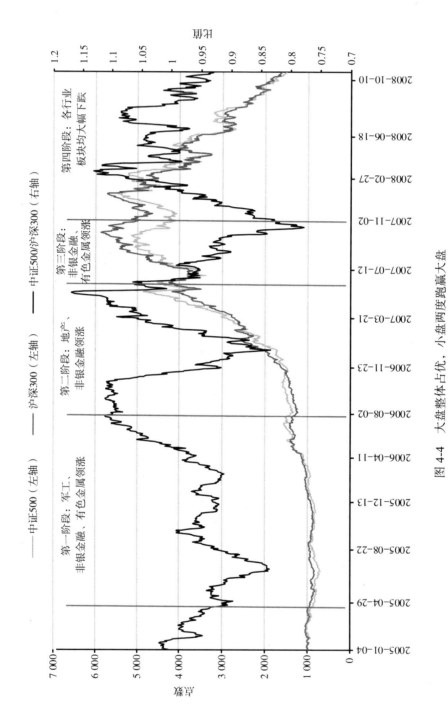

图 4-4　大盘整体占优，小盘两度跑赢大盘

资料来源：Wind，兴业证券经济与金融研究院。

频现、房价新高，使市场对地产产业链关注度较高。此外，2007年开始通胀抬头、猪价暴涨，商业贸易、食品饮料和农林牧渔也因此表现较佳，3个行业板块涨幅分别达到168.53%、158.83%以及141.52%（见图4-5）。

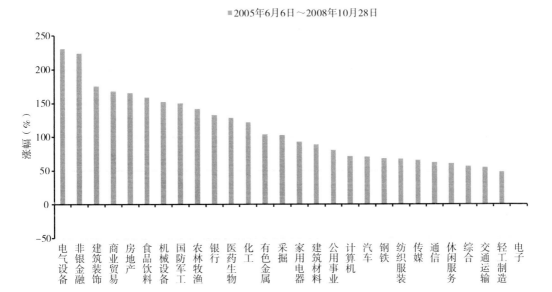

图4-5　本次牛市期间行业板块涨跌幅

资料来源：Wind，兴业证券经济与金融研究院。

一、牛市初启，国防军工、有色金属等高景气行业领涨

牛市启动初期，国防军工、非银金融、有色金属板块领涨市场，其间分别上涨146%、140%、126%，领跑A股（见图4-7）。股权分置改革后，市场有效性上升，行业高景气能够更好地反映在股价上，如有色金属行业受益于主要金属品种提价；军工行业2005～2006年间业绩增厚，行业事件催化。而股权分置改革本身也成为股价上涨的主要驱动力，如非银金融行业受益于股权分置改革后资本市场扩容，国防资产证券化为军工企业带来了想象空间。

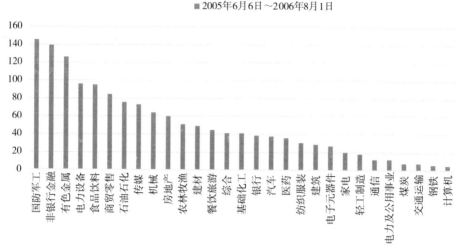

图 4-6　牛市初期各行业板块涨跌幅

资料来源：Wind，兴业证券经济与金融研究院。

国防军工

在本次牛市的第一阶段（2005 年 6 月～ 2006 年 7 月），国防军工板块位列行业板块涨幅第一。在这一阶段，自 2005 年 9 月起，国防军工板块开始跑赢大盘。业绩增厚与事件催化是国防军工板块涨势超过大盘的主要原因。而在 2006 年 3 ～ 7 月间，国防军工行业借助股权分置改革推进 "国防资产证券化"，带来股价的大幅上扬。

2005 年 1 ～ 8 月，国防军工板块涨势与大盘相近。从 2005 年 9 月起，受国庆日临近的影响，国防军工板块涨幅开始超过大盘，开启了军工股 "逢九必涨" 的定律，进入 10 月后，"神舟五号" 成功发射，胡锦涛主席讲话提出，要弘扬航天精神，进一步提振股价。2005 年国防军工行业业绩的增厚也是支撑股价的重要原因。据国防科工委统计，2005 年军工行业全年总收入、工业增加值、工业产品销售收入同比分别增长 17%、18% 和 19%。11 个军工集团公司全部实现盈利，利润总额同比增长 15% 以上。

2006年3月14日，"十一五"规划表决通过，在"十一五"规划的指导下，国防军工行业制定了"军民结合、以军促民、以民保军"的发展路线，计划将大股东的国防资产注入上市公司、定向转增未分配利润以提高社会股东的持股比例与送股等，推动"国防资产证券化"。在2006年3月之前，国防军工主要企业中，已有航天电器与火箭股份实施了股权分置改革。而在2006年3～7月间，西飞国际、航天长峰、中国卫星等重要企业也相继实施股改，带动军工板块整体上涨。

非银金融

非银金融板块直接受益于市场交易活跃度的大幅提升。本阶段初期即2005年6月～2006年2月间，非银金融板块涨势与大盘涨势并无明显差距。2006年3月起，受益于股改快速推进、资本市场扩容，非银金融板块领先优势逐步扩大。自那时起，股市交易金额与交易量显著提升，2005年1月～2006年2月，股市交易金额与股市交易量均值分别为127.65亿元和26.55亿股，而在2006年3～7月间，股市交易金额与股市交易量均值分别达到348.97亿元和63.45亿股，分别增长了173.38%和138.98%。非银金融板块的牛市行情，离不开股改红利的支持和促进。而IPO业务的重启、并购重组业务的增多等，也为非银金融板块带来后续的成长点。

有色金属

大宗商品价格大涨，有色金属板块高景气吸引了市场的关注。随着经济复苏，进入2006年后，有色金属主要品种价格上扬，有色金属板块开始一路走高。国内方面，铜、铝、锌、铅、锡、镍等6种主要有色金属全面上涨，5月中旬，除铅、镍以外，其余4种均创年内新高，6种有色金属比年初分别上涨了78%、21%、108%、17%、20%和54%。5月中旬以后，铜、铝、锌、铅、锡价格高位回落，并出现大幅波动的情况，镍价也有所下跌，相应地，有色金属板块股价也有所调整。海外方面，2006年4月、5月，国际市场铜、锌、镍价格出现暴涨，铜现货和期货价格一度创下8800美元/吨和8600美元/吨的历史最高价位。此外，在2005年末～2006年初，中金岭南、宏达股份、宝钛股份等行业主要企业相继完成股权分置改革，股改红利的背景下，提振有色金属行业股价。

二、金融和地产板块引领普涨行情

从行业角度来看，地产、券商股领涨。房地产方面，尽管宏观调控持续收紧，但国际收支双顺差及人民币升值带来的热钱流入导致了房价飞速上涨，地产销售和投资保持高位，地产产业链景气度高。券商方面，券商的大幅上涨主要是由于这一阶段多家券商通过吸收合并上市公司，借壳上市，以快速扩大资本规模导致的（见图4-7）。

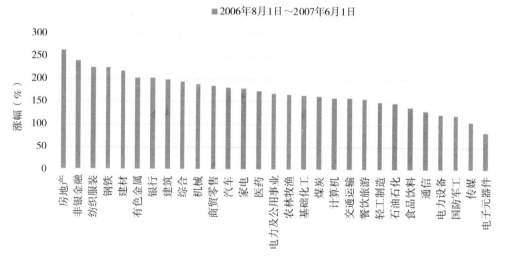

图4-7　第二阶段普涨行情下各板块涨幅

资料来源：Wind，兴业证券经济与金融研究院。

房地产

2006年以来，政府持续调控房价，包括出台"国六条"，建立国家土地督察制度，强制征收二手房转让个人所得税，开征土地增值税等，宏观调控不断收紧。然而，对房地产业来说，尽管国家不断调控，贸易顺差及人民币升值带来的热钱流入仍旧导致了房价的飞速上涨。据国家统计局数据可知，2007年全年房地产开发利用外资高达650亿元，同比增速达62.4%。而房价涨势更为凶猛，2007年商品房均价约3885元/平方米，涨幅达15%，增速较去年上涨2%，其中住宅销售价格为3665元/平方米，上涨17%，增速同比上升4.9个百分点。地产行业火热的同时，钢铁、建材行业也受到拉动，整个地产产业链表现突出（见图4-8）。

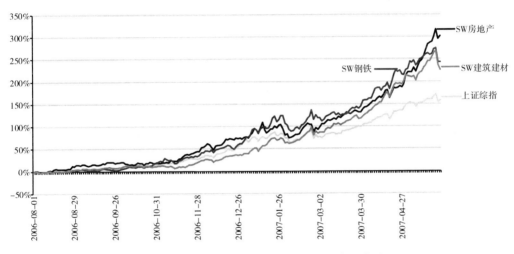

图4-8 房市火热带动整个地产产业链表现突出

资料来源：Wind，兴业证券经济与金融研究院。

非银金融

一方面，牛市周期利好券商发展。随着2006年10月上证综指突破1800点这一上档阻力位后，股指攀升势不可挡，投资者情绪高涨，利好券商经营，非银金融板块自2006年11月起开始大幅跑赢大盘，但涨跌趋势基本与大盘同步。

另一方面，股改利好并购重组环境，券商股掀起借壳上市潮。由于大部分股改的模式为大股东向流通股股东送股以换取流通权，导致大股东容易失去绝对控股地位，便于收购方在二级市场收购这类上市公司的股权。此外对价除权使 A 股的价格平均下跌了 20% 左右，降低了获取控制权的成本，进而有利于公司获取壳资源。而牛市的风口下，证券公司通过上市扩大资本的意愿明显，但由于许多证券公司因 2005 年证券市场的低迷而亏损，很难达到连续 3 年盈利这一首发上市的硬指标。因此，一些不符合 IPO 上市条件的企业选择借壳上市这种审查条件相对宽松，成本又因股改而下降的上市方式。券商通过换股吸收合并的方式上市，快速扩大资本规模，并提高了投资者对券商未来经营的预期，进一步抬升了非银金融板块行情。

三、蓝筹"大象起舞"，券商、有色金属表现突出

从行业来看，这一阶段仍旧是券商、有色金属板块拉动大盘，涨幅分别为108%，106%；煤炭板块以 104% 的涨幅紧随其后。这一阶段非银金融板块的上涨主要来自新发基金带来的增量资金，而有色金属、煤炭板块主要受益于大宗商品价格上涨带来的利好。但总体来看，其他行业涨幅不高，甚至有行业出现了负增长（见图 4-9）。

非银金融

截至 2007 年第三季度，老牌券商中信证券净利润达 94.53 亿元，同比增长41.27%，而新券商股海通证券与东北证券则分别取得 41.64 亿元和 10.5 亿元的净利润，对应的同比增长率分别为 97.31% 和 214.85%，新老券商业绩均处于快速增长状态，进而支撑非银金融板块股价。非银金融板块中的蓝筹股如中国平安、中信银行受到基金增量资金的支持，股价进一步上行。2007 年 6 月 1 日～ 10 月16 日，非银金融板块的区间涨幅已达到 100.13%，远超上证综指的 52.27%。

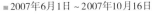

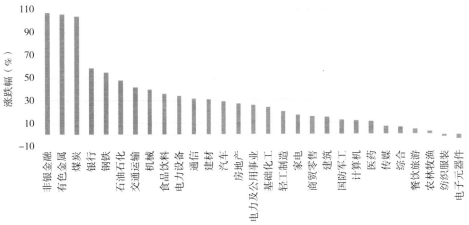

图 4-9　第三阶段"二八"行情下各行业涨跌幅

资料来源：Wind，兴业证券经济与金融研究院。

有色金属

2007 年上半年，在经济高景气影响下，房屋新开工面积增速上行、汽车增产规模扩大、各类家电产量增长等因素持续提振对有色金属的需求。在这一背景下，有色金属产量持续增长，主要品种价格仍处高位，推动有色金属行业业绩持续上行。产量方面，2007 年上半年，10 种主要有色金属产量为 1097 万吨，同比增长 24.1%，其中氧化铝 945 万吨，同比增速高达 58.1%。价格方面，2007 年 6 月，国内现货主要品种价格处于高位。铅现货价格为 17 998 元 / 吨，同比增长 67.9%；镍现货价格为 367 406 元 / 吨，同比增长 91.6%。在产品价格和产量增长的加持下，有色金属行业主营业务收入、实现利润大幅增长。1～5 月，有色金属行业规模以上企业主营业务收入 6812 亿元，同比增长 47.3%；实现利润 515 亿元，同比增长 41.3%。在亮眼业绩的支撑下，有色金属板块行情向好。

与 2007 年第二季度相比，在 2007 年第三季度，重仓持有有色金属行业个股的基金数量和持股规模都大幅提高。云南铜业从 7 家增加到 24 家，占流通股的比重由 13.62% 上升到 37.92%；锡业股份从 6 家增加到 18 家，占流通股的比重由 8.34% 上升到 35.55%；中金岭南由 3 家增加到 17 家，占流通股的比重由 7.28% 上升到 19.44%。在基金增量资金的支持下，有色金属行业股价稳健上行。

四、股市"哀鸣"，诸神的黄昏

在第四阶段，各行业均大幅下跌（见图 4-10），医药生物板块跌幅为 49.48%，跌幅最小；有色金属板块跌幅为 85.31%，跌幅最大。在本次 A 股雪崩中，汽车、钢铁、房地产、有色金属等周期性行业下跌幅度相对较大；相应地，医药生物、农林牧渔、食品饮料等防御性行业跌幅较小。

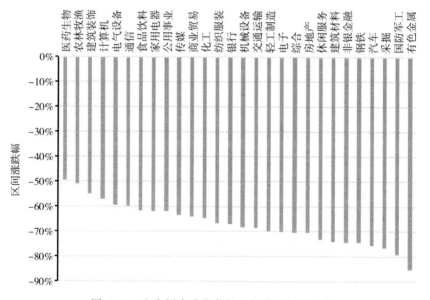

图 4-10　牛市尾声阶段各行业板块区间涨跌幅

资料来源：Wind，兴业证券经济与金融研究院。

第七节　牛股解析：

三成个股翻倍背后的逻辑

从本次牛市的角度来看，超过七成的股票涨幅为正，三成涨幅翻倍。2005年6月6日~2008年10月28日，共有1168只个股涨幅为正，占A股股票总数的75.11%，其中涨幅翻倍的股票有490只，相对涨幅超过100%的个股有284只。在本次牛市期间涨幅最高的是海通证券，相对收益达到1165.59%，而双鹭药业、国金证券、丹化科技与华兰生物的相对涨幅也超过了10倍。涨幅排在前30的个股，除了中鼎股份外，相对涨幅都超过了5倍（见图4-11及图4-12）。

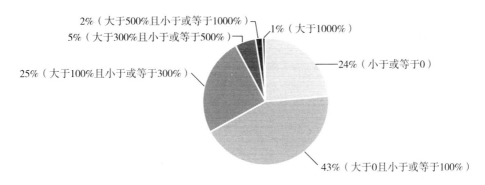

图4-11　本次牛市个股绝对涨幅统计

资料来源：Wind，兴业证券经济与金融研究院。

以券商股为例，涨幅靠前的个股收益基本来自业绩和估值的戴维斯双击。在涨幅排在前30的个股中（见表4-3），券商股占据了6席：海通证券、国金证券、中信证券、东北证券、西南证券和长江证券。除了中信证券，其余5只券商股在牛市期间均通过资产注入的方式借壳上市，同时牛市行情带来的交易量翻倍也使券商股业绩大涨，券商行业营业收入由2005年的237.46亿元增长到2007年的2690.92亿元；净利润从2005年的-21.02亿元到2007年的1196.83

亿元，营收和净利润增长幅度均超过 10 倍，因此成为此次牛市中表现最突出的板块。此外受益于券商的上市，参股公司也间接获得了市场关注，辽宁成大与恒生电子分别是广发证券与长江证券的大股东，在本次牛市期间均实现了超过 5 倍的相对收益。

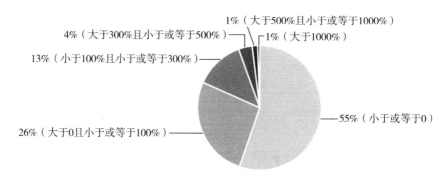

图 4-12   本次牛市个股相对涨幅统计

资料来源：Wind，兴业证券经济与金融研究院。

资产重组是股价上涨的主要推手。除了非银金融板块的 5 只借壳上市的个股外，另有多只个股从资本运作中受益。丹化科技通过"股权收购 + 注入资产"，由肉禽饲养企业转变为化工企业，乙二醇、醋酐等化工"明星"产品提升市场预期；盐湖集团于 2006 年年底开始启动整体上市工作，利好已上市的盐湖钾肥；云天化在 2007 年年底开始为整体上市做准备；苏宁环球则是借壳 ST 吉纸上市；中联重科与中鼎股份分别是机械与汽车零部件行业的龙头，借助兼并收购，进一步稳固龙头地位。通过借壳上市、资产重组、兼并收购等资本运作，企业向市场释放更多利好信号，如吸纳更多的资金用以发展、获取优质资产、深化主业等，市场也给予了积极回应。

表 4-3　整轮牛市期间涨幅最高的前 30 只个股表现

股票代码	证券简称（2005～2008年）	证券简称（2020）	所属行业	期间涨幅（%）	相对涨幅（%）	期初 PE	期末 PE	PE 变化幅度（%）	期初总市值（亿元）
600837.SH	海通证券	海通证券	非银金融	1 232.63	1 165.59	8.52	31.99	275.66	14.51
002038.SZ	双鹭药业	双鹭药业	医药生物	1 232.59	1 165.55	19.92	32.78	64.55	6.38
600109.SH	国金证券	国金证券	非银金融	1 087.85	1 020.81	32.06	18.74	-41.53	3.12
600844.SH	丹化科技	丹化科技	化工	1 083.74	1 016.70	—	57.23	—	—
002007.SZ	华兰生物	华兰生物	医药生物	1 067.41	1 000.37	18.57	45.02	142.51	7.68
000792.SZ	盐湖钾肥	*ST 盐湖	化工	1 065.59	998.56	20.94	66.33	216.72	69.23
000568.SZ	泸州老窖	泸州老窖	食品饮料	1 061.59	994.55	69.26	18.85	-72.78	28.52
600096.SH	云天化	云天化	化工	1 032.25	965.21	8.04	38.85	383.49	43.40
600089.SH	特变电工	特变电工	电气设备	1 023.61	956.58	23.33	20.66	-11.43	19.23
600030.SH	中信证券	中信证券	非银金融	964.39	897.36	78.49	9.78	-87.54	123.58
600550.SH	天威保变	保变电气	电气设备	958.53	891.49	38.11	18.63	-51.12	20.30
600517.SH	置信电气	置信电气	电气设备	934.86	867.83	41.25	23.87	-42.13	6.19
000718.SZ	苏宁环球	苏宁环球	房地产	913.55	846.51	—	10.54	—	—
600511.SH	国药股份	国药股份	医药生物	896.82	829.79	17.76	30.41	71.23	7.24
002022.SZ	科华生物	科华生物	医药生物	843.11	776.07	18.33	38.03	107.47	7.85

（续）

股票代码	证券简称 （2005～2008年）	证券简称 （2020）	所属行业	期间涨幅 （%）	相对涨幅 （%）	期初 PE	期末 PE	PE 变化幅度 （%）	期初总市值 （亿元）
600547.SH	山东黄金	山东黄金	有色金属	780.47	713.44	23.33	19.11	-18.08	13.90
600315.SH	上海家化	上海家化	化工	770.76	703.72	28.14	34.07	21.06	12.72
002001.SZ	新和成	新和成	医药生物	760.34	693.30	16.62	5.62	-66.18	12.41
000996.SZ	中国中期	中国中期	汽车	758.02	690.98	-12.65	450.43	-3 659.92	4.68
600251.SH	冠农股份	冠农股份	农林牧渔	753.83	686.80	28.83	232.26	705.51	7.61
000686.SZ	东北证券	东北证券	非银金融	737.58	670.54	35.46	19.68	-44.49	5.67
002028.SZ	思源电气	思源电气	电气设备	712.80	645.76	16.80	16.03	-4.57	8.27
002024.SZ	苏宁电器	苏宁易购	商业贸易	700.40	633.36	31.71	20.24	-36.18	57.46
000157.SZ	中联重科	中联重科	机械设备	697.88	630.85	8.06	9.40	16.72	27.94
600369.SH	*ST 长运	西南证券	非银金融	659.04	592.00	-2.50	-34.39	1 275.36	2.76
600739.SH	辽宁成大	辽宁成大	医药生物	624.29	557.25	29.24	9.53	-67.39	18.44
000633.SZ	SST 合金	合金投资	有色金属	623.35	556.32	-1.77	18.56	-1 145.74	6.28
000783.SZ	长江证券	长江证券	非银金融	599.65	532.62	-21.19	7.23	-134.12	24.01
600570.SH	恒生电子	恒生电子	计算机	578.85	511.81	25.27	21.55	-14.73	5.67
000887.SZ	中鼎股份	中鼎股份	汽车	566.31	499.27	-1.10	17.99	-1 737.72	3.85

资料来源：Wind，兴业证券经济与金融研究院。

一、牛市启动，股改红利叠加基本面"共振"

在第一阶段中，有 1222 只个股实现了正收益，占 A 股股票总数的94.14%。其中，股价翻倍的个股有 347 只，占总数的 26.73%。绝对涨幅为正且小于或等于 100% 的个股达到 875 只，占 A 股总数的 67.41%。而相对涨幅超过 100% 的个股有 139 只。涨幅最高的个股为来自化工板块的丹化科技，绝对涨幅达到 566.67%，相对涨幅达到 508.76%，通过提升市场预期，推动股价大涨。

表现最好的 30 只股票普遍涨幅超过 300%，最高达到 5 倍以上，超额收益均超过 200%，高景气行业属性明显（见表 4-4）。强势个股所在的行业，在第一阶段均呈现高景气：行业涨幅前六名分别为国防军工、非银金融、有色金属、电力设备、食品饮料与商贸零售，而表现最好的 30 只股票中有 22 只来自这六大行业。

在表现最好的 30 只股票中，据 2006 年中报显示，其中净利润同比增速超过 100% 的公司有 18 个，显著增厚的业绩提升投资者对个股的信心，推动强势个股产生。随着市场关注度提升，估值开始大幅上涨。涨幅前 1/4 的股票中，PE 涨幅超过净利润涨幅的个股超过 60%。

在表现最好的 30 只股票中，并非所有个股业绩上都有突出之处，资本运作带来的估值提升是股价的重要推手。以中钨高新为例，2005 年上半年与 2006 年上半年，中钨高新净利润同比增速分别为 –96.08% 与 –405.29%，说明在第一阶段中钨高新业绩惨淡，但其期间涨幅仍然高达 392.92%。在第一阶段，传闻中钨高新将被中国五矿等大型集团并购重组，为该股埋下重组利好的预期，进而炒热股价。

表 4-4　牛市初期涨幅最大的 30 只个股表现

股票代码	证券简称（2005~2008年）	证券简称（2020年）	所属行业	期间涨幅（%）	相对涨幅（%）	期初 PE	期末 PE	PE 变化幅度（%）	期初总市值（亿元）
600844.SH	ST 大盈	丹化科技	有色金属	566.67	508.76	—	-189.45	—	16.90
600456.SH	宝钛股份	宝钛股份	有色金属	541.05	486.31	20.71	28.45	37.37	4.64
600151.SH	航天机电	航天机电	电力设备	508.54	453.80	19.67	85.54	334.83	4.81
600497.SH	驰宏锌锗	驰宏锌锗	有色金属	488.05	433.31	17.88	13.68	-23.49	6.16
002048.SZ	宁波华翔	宁波华翔	汽车	416.78	362.04	19.05	44.51	133.65	1.54
600517.SH	置信电气	置信电气	电力设备	407.05	352.31	41.57	120.34	189.49	1.95
600312.SH	平高电气	平高电气	电力设备	394.33	339.59	20.88	37.72	80.65	3.93
000657.SZ	中钨高新	中钨高新	有色金属	392.92	338.18	36.19	-921.45	2 646.15	2.68
000568.SZ	泸州老窖	泸州老窖	食品饮料	383.97	329.23	69.87	109.73	57.05	8.76
600316.SH	洪都航空	洪都航空	国防军工	366.75	312.01	37.76	126.91	236.10	6.21
600549.SH	厦门钨业	厦门钨业	有色金属	352.09	297.35	16.45	32.61	98.24	4.90
600315.SH	上海家化	上海家化	基础化工	350.07	295.33	28.62	72.27	152.52	3.83
000736.SZ	ST 重实	中交地产	房地产	339.24	284.50	-0.11	-19.89	17 981.82	0.40
000760.SZ	*ST 博盈	*ST 斯太	汽车	336.23	281.49	-1.59	71.75	4612.58	1.12
600582.SH	天地科技	天地科技	机械	334.53	279.79	18.21	42.65	134.21	3.76
600809.SH	山西汾酒	山西汾酒	食品饮料	327.00	272.26	22.98	38.82	68.93	4.46

600888.SH	新疆众和	新疆众和	有色金属	324.37	269.63	15.78	43.50	175.67	2.60
600320.SH	振华港机	振华重工	机械	321.98	267.24	18.08	20.78	14.93	27.34
000878.SZ	云南铜业	云南铜业	有色金属	321.44	266.70	10.85	10.67	-1.66	10.39
600132.SH	重庆啤酒	重庆啤酒	食品饮料	318.50	263.76	26.57	81.45	206.55	5.37
600489.SH	中金黄金	中金黄金	有色金属	316.91	262.17	34.32	61.06	77.91	5.95
000768.SZ	西飞国际	中航飞机	国防军工	312.60	257.86	49.42	100.60	103.56	7.33
600550.SH	天威保变	保变电气	电力设备	305.55	250.81	38.17	40.97	7.34	5.54
600739.SH	辽宁成大	辽宁成大	商贸零售	296.99	242.25	28.68	59.10	106.07	8.31
000690.SZ	宝丽华	宝新能源	公用事业	294.85	240.11	16.23	12.90	-20.52	3.03
002024.SZ	苏宁电器	苏宁易购	商贸零售	291.11	236.37	29.82	34.85	16.87	14.50
000060.SZ	中金岭南	中金岭南	有色金属	290.21	235.47	14.99	22.15	47.77	11.86
600331.SH	宏达股份	宏达股份	有色金属	286.78	232.04	14.87	24.03	61.60	8.85
600761.SH	安徽合力	安徽合力	机械	281.93	227.19	11.82	27.61	133.59	6.54
600547.SH	山东黄金	山东黄金	有色金属	279.32	224.58	22.63	40.38	78.44	5.06

资料来源：Wind，兴业证券经济与金融研究院。

二、普涨阶段，股改股、重组股首当其冲

本次行情中，有 98.14% 的个股实现了正收益，其中有 1094 只个股绝对涨幅在 100% 以上，占 A 股股票总数的 76%，而相对涨幅在 100% 以上的个股有 290 只。涨幅最高的 30 只个股，超额收益均超过 300%。从涨幅排在前 30 的个股来看，强势个股的行业属性并不明显，而股改、资产重组等主题相关个股则表现抢眼。本阶段涨幅最高的个股仁和药业受益于借壳上市，获得的相对收益达到 1 199.17% 之高，而海通证券、浪莎股份等个股在股改复牌后涨幅逾 500%。

在第二阶段，涨幅最大的 30 只个股净利润涨幅普遍达到 100% 以上，甚至不乏净利润增长超过 10 倍的公司（见表 4-5）。但估值提升对股价贡献更大，涨幅排在前 1/4 的个股 PE 涨幅普遍达到 200%，总体来看，估值仍旧贡献了更大的收益，但也不能否认这段时间企业盈利的大幅提升带来的利好。

三、强势个股高景气行业属性明显

在第三阶段中，实现正收益的个股占比大幅度下降，仅有 829 只个股实现正收益，占 A 股股票总数的 57.33%，较第二阶段下降了 40.81%。其中绝对涨幅超过 100% 的个股仅有 79 只，占股票总数的 5.46%，较第二阶段下降了 70.54 个百分点，而相对涨幅超过 100% 的个股也仅有 32 只。

强势个股具有较明显的行业属性。涨幅最大的 30 只个股，在这段行情期间相对涨幅平均为 100% 左右。有色金属、煤炭等能源板块仍旧占据大部分。这是由于此时大宗商品价格仍旧居高不下，带动如山东黄金、中金黄金、云南铜业等个股的最后疯狂。

第三阶段强势个股的收益仍基本来自估值贡献。涨幅排在前 1/4 的股票中，企业盈利增长相对来讲也不高，普遍只有 30%，而 PE 的涨幅多数处于 70% 以上。这表明这段时间由于宏观经济的回落，企业盈利增长趋缓，而投资者对于市场却过分乐观，带来估值的提升贡献了大部分收益（见表 4-6）。

表4-5 普涨阶段涨幅最大的30只个股表现

股票代码	证券简称（2005～2008年）	证券简称（2020年）	所属行业	期间涨幅（%）	相对涨幅（%）	期初PE	期末PE	PE变化幅度（%）	期初总市值（亿元）
000650.SZ	*ST九化	仁和药业	医药生物	1 347.24	1 199.17	—	20.29	—	31.89
600109.SH	成都建投	国金证券	非银金融	1 033.91	885.83	-74.19	133.89	-280.48	181.80
600137.SH	*ST长控	浪莎股份	纺织服装	962.61	814.54	-7.16	11.38	-258.94	23.60
600733.SH	前锋股份	北汽蓝谷	汽车	740.91	592.84	237.32	-367.67	-254.92	66.61
600158.SH	中体产业	中体产业	传媒	657.87	509.79	94.59	425.08	349.41	168.11
600864.SH	G岁宝	哈投股份	非银金融	647.69	499.62	-352.06	27.71	-107.87	96.03
600390.SH	G金瑞	五矿资本	非银金融	644.55	496.47	-12.79	151.39	-1 283.55	37.42
600477.SH	G杭萧	杭萧钢构	建筑装饰	632.81	484.74	21.31	291.65	1 268.32	61.32
600173.SH	*ST丹江	卧龙地产	房地产	627.11	479.04	-3.59	193.02	-5 471.36	43.56
600981.SH	G苏纺织	汇鸿集团	商业贸易	605.38	457.30	17.57	93.42	431.76	73.24
002019.SZ	鑫富药业	亿帆医药	医药生物	605.31	457.24	50.02	251.53	402.85	69.26
600462.SH	石岘纸业	*ST九有	通信	601.31	453.23	-2.74	-13.51	393.50	25.54
600881.SH	亚泰集团	亚泰集团	建筑材料	595.12	447.05	70.38	110.57	57.10	297.75
000623.SZ	G敖东	吉林敖东	医药生物	592.70	444.63	46.86	45.94	-1.97	325.38
600837.SH	G都市	海通证券	非银金融	584.58	436.50	15.10	98.99	555.66	1 633.63
600739.SH	G成大	辽宁成大	医药生物	574.16	426.09	59.10	43.48	-26.43	369.29

（续）

股票代码	证券简称（2005~2008年）	证券简称（2020年）	所属行业	期间涨幅（%）	相对涨幅（%）	期初PE	期末PE	PE变化幅度（%）	期初总市值（亿元）
600175.SH	G美都	美都能源	综合	548.56	400.49	47.48	170.55	259.24	33.08
600862.SH	ST纵横	中航高科	国防军工	534.12	386.05	-16.10	-35.68	121.68	38.56
000035.SZ	*ST科健	中国天楹	公用事业	532.88	384.80	-1.92	34.51	-1898.71	7.01
600765.SH	G力源	中航重机	国防军工	516.50	368.43	74.09	256.86	246.69	40.48
600031.SH	G三一	三一重工	机械设备	514.39	366.32	25.94	39.32	51.54	419.52
600166.SH	G福田	福田汽车	汽车	512.20	364.12	-4.62	48.47	-1149.95	114.00
002064.SZ	华峰氨纶	华峰氨纶	化工	511.11	363.14	—	59.07	—	93.70
600515.SH	*ST一投	海航基础	房地产	496.77	348.70	-2.45	141.08	-5854.10	24.30
000034.SZ	*ST深泰	神州数码	计算机	494.02	345.95	-3.04	304.54	-10132.42	23.27
000825.SZ	G太钢	太钢不锈	钢铁	493.72	345.64	20.19	21.56	6.75	763.30
600773.SH	*ST金珠	西藏城投	房地产	485.97	337.90	-2.71	-12.22	350.67	14.46
000718.SZ	GST环球	苏宁环球	房地产	480.93	332.86	274.72	159.13	-42.07	164.73
600107.SH	美尔雅	美尔雅	纺织服装	477.32	329.25	196.46	169.74	-13.60	49.72
600150.SH	G重机	中国船舶	国防军工	476.19	328.12	27.74	94.97	242.32	406.67

注：G开头的个股为进行了股改上市的公司。

资料来源：Wind，兴业证券经济与金融研究院。

表 4-6 第三阶段涨幅最大的 30 只个股表现

股票代码	证券简称（2005～2008年）	证券简称（2020年）	所属行业	期间涨幅（%）	相对涨幅（%）	期初 PE	期末 PE	PE 变化幅度（%）	期初总市值（亿元）
000686.SZ	S 锦六陆	东北证券	非银金融	841.13	792.89	217.05	574.61	164.73	406.25
600213.SH	S*ST 亚星	亚星客车	汽车	502.33	454.09	—	25.43	—	17.05
600385.SH	*ST 金泰	*ST 金泰	有色金属	352.27	304.04	-6.00	-26.97	349.45	26.53
000613.SZ	SST 东海	大东海 A	休闲服务	287.55	239.31	-57.27	-185.45	223.82	28.76
600547.SH	山东黄金	山东黄金	有色金属	275.35	227.11	55.25	172.44	212.11	285.26
000723.SZ	S 天宇	美锦能源	采掘	241.58	193.34	52.36	135.62	159.02	43.14
600307.SH	酒钢宏兴	酒钢宏兴	钢铁	237.53	189.29	18.90	54.05	186.06	304.89
000983.SZ	西山煤电	西山煤电	采掘	232.89	184.65	26.04	86.11	230.73	906.58
600489.SH	中金黄金	中金黄金	有色金属	230.57	182.33	72.47	228.79	215.72	386.37
601919.SH	中远海控	中远海控	交通运输	229.55	174.97	—	393.67	—	4 814.66
000878.SZ	云南铜业	云南铜业	有色金属	227.45	179.21	27.55	75.09	172.59	1 118.83
000685.SZ	中山公用	中山公用	公用事业	225.18	176.94	81.27	208.54	156.61	71.01
600072.SH	中船重工	中船科技	国防军工	215.31	167.07	175.88	293.01	66.60	190.39
600291.SH	西水股份	西水股份	非银金融	203.44	155.20	-16.75	-57.98	246.11	62.14
600482.SH	风帆股份	中国动力	国防军工	197.25	149.01	51.35	158.17	208.04	110.68
000831.SZ	五矿稀土	关铝股份	有色金属	196.35	148.11	61.50	87.08	41.59	147.38

（续）

股票代码	证券简称（2005～2008年）	证券简称（2020年）	所属行业	期间涨幅（%）	相对涨幅（%）	期初 PE	期末 PE	PE 变化幅度（%）	期初总市值（亿元）
600089.SH	特变电工	特变电工	电气设备	195.91	147.68	39.82	83.73	110.26	256.64
000609.SZ	绵世股份	中迪投资	房地产	193.55	145.31	38.15	147.78	287.37	87.51
600595.SH	中孚实业	*ST 中孚	有色金属	191.41	143.17	29.63	60.83	105.26	266.52
000596.SZ	古井贡酒	古井贡酒	食品饮料	186.52	138.28	137.34	287.18	109.10	60.94
600362.SH	江西铜业	江西铜业	有色金属	186.05	137.81	16.78	47.67	184.02	2 167.07
000612.SZ	焦作万方	焦作万方	有色金属	181.62	133.38	28.10	59.47	111.66	310.67
600711.SH	ST 雄震	盛屯矿业	有色金属	179.93	131.70	2 136.63	70.28	-96.71	23.71
600117.SH	西宁特钢	西宁特钢	钢铁	170.60	122.36	24.57	69.31	182.08	175.30
600029.SH	S 南航	南方航空	交通运输	168.67	120.43	69.69	88.35	26.77	1 114.10
000960.SZ	锡业股份	锡业股份	有色金属	165.65	117.42	54.88	86.97	58.49	469.21
601600.SH	中国铝业	中国铝业	有色金属	163.56	115.33	41.65	63.81	53.22	7 090.21
000935.SZ	S 川双马	四川双马	建筑材料	160.10	111.87	-47.25	-45.13	-4.49	47.91
600531.SH	豫光金铅	豫光金铅	有色金属	158.97	110.74	26.99	64.84	140.20	103.75
601666.SH	平煤天安	平煤股份	采掘	154.96	106.72	22.68	56.01	146.94	525.75

资料来源：Wind，兴业证券经济与金融研究院。

四、牛市崩塌，仅24只个股获得正收益

在第四阶段中，仅有 24 只个股获得正收益（见表 4-7）。在 24 只个股中，绝对涨幅超过 100% 的股票仅有 4 只，而相对涨幅超过 100% 的股票也仅有 13 只。

借壳上市股方面，券商、地产借壳上市潮仍在延续，吸引了大量市场资金。浙商集团借壳 SST 亚华，实现房地产业务上市；中交地产把旗下大部分房地产业务注入 SST 重实；西南证券、长江证券和国元证券则分别借壳 *ST 长运、S 石炼化和 S*ST 化二上市。除了券商、地产股以外，农业企业山田林业借壳 ST 中福上市，2008 年 4 月复牌后实际涨幅达 1544.1%，创造出了股改复牌首日涨幅之最。S*ST 鑫安则是在传出重组消息后，被短线游资持续炒作抬升股价。

概念股方面，迪士尼概念股、钾肥概念股等受热捧。界龙实业对上海迪士尼项目投资 400 亿元后，被奉为迪士尼概念股热炒；在 2007 年国际钾肥价格连连上涨的背景下，盐湖钾肥、冠农股份作为钾肥概念股，被资本市场追捧，盐湖钾肥股价从 2007 年 12 月的 58 元扶摇直上，最高冲到 107 元。

表 4-7 牛市尾声阶段获得正收益的 24 只个股表现

股票代码	证券简称 （2005～2008 年）	证券简称 （2020 年）	所属行业	期间涨幅 （%）	相对涨幅 （%）	期初 PE	期末 PE	PE 变化幅度 （%）	期初总市值 （亿元）
600629.SH	棱光实业	华建集团	建筑装饰	426.45	497.06	—	17.83	—	—
000592.SZ	ST 中福	平潭发展	农林牧渔	333.97	404.59	—	38.18	—	—
600369.SH	*ST 长运	西南证券	非银金融	124.20	194.82	−5.35	−34.39	542.46	6.88
600239.SH	云南城投	云南城投	房地产	108.35	178.97	832.54	95.41	−88.54	14.68
600703.SH	ST 三安	三安光电	电子	50.00	120.62	—	3.78	—	—
000783.SZ	长江证券	长江证券	非银金融	49.82	120.44	−16.93	7.23	−142.70	114.29
002053.SZ	云南盐化	云南能投	化工	48.29	118.91	41.30	101.47	145.68	33.29
600836.SH	界龙实业	界龙实业	轻工制造	44.84	115.46	136.54	149.03	9.15	17.49
000792.SZ	盐湖钾肥	*ST 盐湖	化工	42.82	113.44	50.00	66.33	32.67	471.28
002038.SZ	双鹭药业	双鹭药业	医药生物	39.90	110.52	58.79	32.78	−44.24	48.36
600759.SH	正和股份	洲际油气	采掘	38.13	108.75	7.87	22.54	186.32	4.69
600792.SH	*ST 马龙	云煤能源	采掘	35.19	105.81	−22.19	38.82	−275.00	17.51
600096.SH	云天化	云天化	化工	30.31	100.92	48.66	38.85	−20.16	278.90
000918.SZ	SST 亚华	嘉凯城	房地产	27.71	98.33	39.86	−14.37	−136.06	11.29
000925.SZ	S*ST 海纳	众合科技	机械设备	27.66	98.28	149.99	5.17	−96.55	15.81
002001.SZ	新和成	新和成	医药生物	23.08	93.69	−1 414.57	5.62	−100.40	69.44

000728.SZ	国元证券	国元证券	非银金融	22.83	93.45	-13.09	6.58	-150.29	46.12
000736.SZ	SST重实	中交地产	房地产	21.59	92.21	35.61	6.15	-82.73	4.53
000998.SZ	隆平高科	隆平高科	农林牧渔	20.16	90.77	72.87	36.46	-49.96	28.98
000603.SZ	*ST威达	盛达资源	有色金属	17.86	88.48	479.64	-5 255.54	-1 195.72	9.19
002041.SZ	登海种业	登海种业	农林牧渔	15.57	86.19	-194.97	48.28	-124.76	20.12
000996.SZ	中国中期	中国中期	汽车	14.05	84.66	394.00	450.43	14.32	26.97
000719.SZ	S*ST鑫安	中原传媒	传媒	10.23	80.84	-5.36		-100.00	11.42
600251.SH	冠农股份	冠农股份	农林牧渔	0.41	71.03	-127.94	232.26	-281.54	50.04

资料来源：Wind，兴业证券经济与金融研究院

第五章

2008 ～ 2009 年：
政策强刺激带来的牛市

第一节　总览：

一、上证综指 9 个月上涨 103.4%，估值贡献占比更高

　　本次牛市开启于宏观经济下行压力加大带来的货币和财政政策双放松，终结于宽松政策后经济恢复正常及通胀压力抬头带来的政策重新转向，可谓"始于政策，终于政策"。从行业表现来看，地产产业链表现居前，防御性行业表现一般。

　　如图 5-1 所示，以上证综指收盘价来划分，这次牛市从 2008 年 11 月 4 日的 1706.7 点开始，上涨至 2009 年 8 月 4 日的 3471.44 点，历时 9 个月，累计涨

幅 103.4%。其间 PE 估值从 12.37 倍上升至 27.42 倍，提升了 122%。

　　本次牛市期间国内各大指数走势基本一致，中小板指表现较优，上证综指表现靠后，沪深 300 和深证成指表现居中。但在 2009 年 7 月后，两者表现强势，涨幅不断扩大。截至 2009 年 8 月 4 日，上证综指、沪深 300、中小板指和深证成指分别累计上涨 103.40%、132.63%、127.21% 和 145.28%。

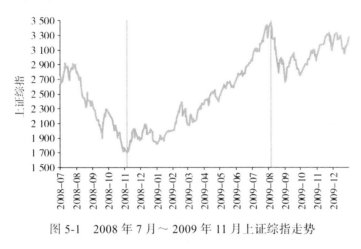

图 5-1　2008 年 7 月～ 2009 年 11 月上证综指走势

资料来源：Wind，兴业证券经济与金融研究院。

二、股市背景：A 股经历了一次漫长的"抵抗式下跌"

　　从市场背景来看，这次牛市开始前，市场从 2007 年 10 月的高点 6124 点一路向下，直到 2008 年 11 月见底，13 个月累计跌幅高达 72%，中间没有经历过较大幅度的反弹，反而是反复呈现"跌 2 涨 1"的形式。在节奏较慢且持续时间较长的下跌过程中，市场有了较为充分的换手，从而为市场后续上涨保留了一份力量。

三、国际背景：次贷危机下发达国家纷纷放松货币和财政政策

　　2008 年 3 月贝尔斯登破产，9 月雷曼兄弟申请破产保护，随着金融危机愈演愈烈，美、日、欧经济均陷入衰退。从 2008 年开始，为应对国际金融危机带

来的冲击，全球多数经济体都采取了大规模的救市措施，货币政策和财政政策齐发力，全力稳定金融市场。

货币政策：美、日、欧均采取宽松的货币政策

在危机爆发后，美联储不断下降基准利率。从 2007 年至 2008 年年底连续 10 次下调联邦基金利率，将联邦基金利率从 5.25% 下调至 0.25%，共下调 500 个基点。同时降低贴现率，8 次下调贴现率，由 4.75% 下降到 0.5%。此外，在降息没有空间之后，美联储开始推出量化宽松政策，2008 年 11 月美联储首次公布购买机构债和 MBS（抵押支持债券），即首轮 QE（量化宽松）操作，共购买了 1.725 万亿美元资产。同时，美联储通过多种创新金融工具，如 MMIFF（货币市场投资者融资工具）、CPFF（商业票据融资工具）等，以提高金融市场的流动性。

在美联储大幅度降低利率的同时，欧洲央行和日本央行也将利率不断下调（见图 5-2）。2008 年 10 月～ 2009 年 5 月，欧洲央行连续 7 次下调利率 325 个基点，将利率从 4.25% 下调至 1%，下降至历史最低水平。英国从 2008 年 10 月起连续 6 次下调利率 450 个基点，2009 年 3 月已降至 0.5%。欧盟主要经济体的基准利率平均已降至历史最低水平，试图最大限度地降低金融危机对欧洲国家的冲击。欧盟也向市场注入流动性，对金融机构直接注资、提供债务担保和存款担保等。日本央行在 2008 年 10 月 31 日和 12 月 19 日两次下调基准利率，由 0.5% 降至 0.1%，接近零利率水平。同时自 2008 年 9 月起，日本央行通过短期货币市场直接注资和为金融机构贷款方式，向市场投入大量流动性。

在金融危机中，各国央行也加强了国际合作。美联储、欧央行、英格兰银行和日本央行等签订了货币互换协议，根据协议美联储采取向这些银行提供美元资金，以向各国金融机构提供美元流动性支持。

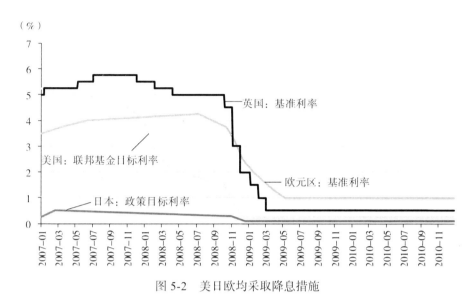

图 5-2 美日欧均采取降息措施

资料来源：Wind，兴业证券经济与金融研究院。

财政政策：多国大规模财政刺激政策出台

次贷危机使得美国多家金融机构濒临破产，在此期间美国政府通过向金融机构注资等方式给予援助。2008 年 7 月 13 日，美国政府向"两房"（房地美和房利美）提供资金援助，获得"两房"79.9% 的股份。9 月 16 日，美联储向美国国际集团 AIG 提供 850 亿美元的高息抵押贷款，美国政府控制了该公司 79.9% 的股份。10 月 14 日，美国联邦政府宣布将动用 2500 亿美元问题资产救助计划基金购买金融机构的优先股，以帮助银行缓解信贷紧缩局面。同时，美国开展减税刺激计划，通过大规模减税刺激消费和投资，推动经济增长，以避免经济衰退。

欧盟委员会 2008 年 11 月出台了一项总额 2000 亿欧元的经济刺激方案，其中 300 亿欧元来自欧盟预算，其余 1700 亿欧元为各国自救计划的综合。此计划中欧盟为各成员国提供了一个统一的政策"工具箱"，其中包括增加公共支出、减税和降息等财政与货币政策，每个国家可以从中遴选不同的政策工具，形成适合本国的政策工具组合。同时欧洲国家也纷纷对金融机构注入了大量的资本，通过将银行国有化或购买问题金融机构的优先股、债券等方式为金融机构解困。

四、国内表现：经济和股市都率先复苏

　　金融危机期间中国经济率先复苏。回顾 2008 ～ 2009 年，由于应对金融危机冲击的一揽子经济刺激计划相继实施和不断完善，中国经济走出了增幅持续回落的局面，实现了国民经济的总体回升向好。2009 年第一季度，国内生产总值同比增长 6.4%，第二季度增长 8.2%，第三季度增长 10.6%，第四季度增长 11.9%，中国经济向世人证明了其巨大的潜力和不断提升的宏观调控水平（见图 5-3）。

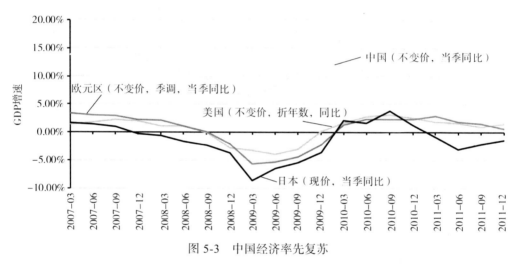

图 5-3　中国经济率先复苏

资料来源：Wind，兴业证券经济与金融研究院。

　　2008 年年底中国股市在全球市场中率先回升。受金融危机影响，全球多数国家于 2009 年 3 月触底。在我国宏观经济率先实现了复苏的大背景下，2008 年 11 月中国股市率先反弹，领先全球 4 个月触底反转。后受国家实施经济发展一揽子刺激计划影响，股市更是先行于经济，大幅上涨，在 2009 年 8 月最高达到 3478 点（见图 5-4）。

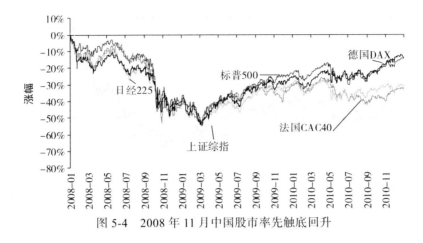

图 5-4　2008 年 11 月中国股市率先触底回升

资料来源：Wind，兴业证券经济与金融研究院。

五、牛市前后重要事件一览

为应对金融危机带来的冲击，我国采取一揽子经济刺激计划应对危机，在此背景下，经济率先复苏，股市出现阶段性牛市，我国证券市场也发生诸多具有巨大影响力的事件（见图 5-5）。

第二节　金融危机下的经济与市场

一、国内宏观背景：增速快速回落，通缩风险隐现

2008 年全年，GDP 增速不断下行。仅用 6 个季度就从 2007 年单季 15% 的增速下降到了 2008 年末单季 7% 的增速。上一次到达这么低的增速还是在 1999 年。物价水平同样下降得很快，2008 年上半年 CPI 增速还接近 9%，到了下半年就接近通缩。经济失速的发生非常之快。

二、前脚还在紧缩，后脚金融危机扩大

我国在 2001 年加入 WTO 之后，低廉的要素成本获得了国际制造业资本的

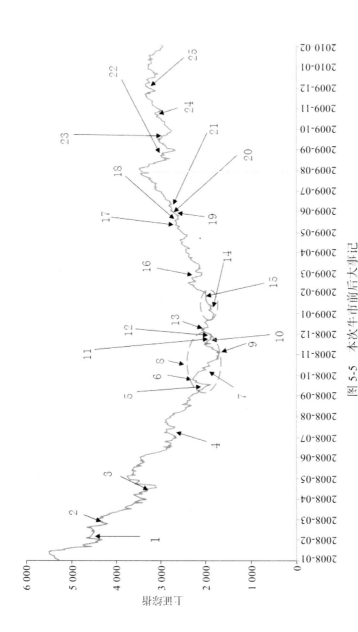

图 5-5　本次牛市前后大事记

注：1——一行三会提出将大力发展债券市场；2——政府工作报告中指出 2008 年要实行稳健的财政政策和从紧的货币政策；3——印花税税率由从 3‰ 降为 1‰；4——宏观经济调控由"两防"到"一保一控"；5——证券交易印花税由双边征收改为单边征收；6——汇金增持三大银行股；7——融资融券试点正式启动；8——2008 年 9～12 月，央行 5 次降息，4 次降准；9——推出"四万亿计划"；10——国务院提出九大措施促进经济金融发展；11——中央经济工作会议提出 2009 年经济工作要加强宏观调控，实施积极的财政政策和适度宽松的货币政策；12——金融促进经济发展 30 条"出台；13——国家开发银行成立；14——审议通过"十大产业振兴规划"；15——数据显示 2009 年 1 月份人民币贷款大幅增加 1.62 万亿元；16——国务院同意地方发行 2000 亿元债券；17——基金推出"一对多"业务；18——国务院常务会议研究部署推动汽车、家电"以旧换新"政策措施；19——新股发行制度改革；20——中国平安收购深发展；21——IPO 重启；22——和制部分行业产能过剩和重复建设，引导产业健康发展；23——中央城市房价在香港地区发行人民币国债；24——创业板开市；25——明确房地产市场调控重点，遏制部分城市房价过快上涨的势头。

资料来源：Wind，兴业证券经济与金融研究院

青睐、产业链不断转移，并造就了出口导向型的经济，外贸依存度不断提高。同时，我国在2005年汇改之后，对美元持续升值，吸引了大量国际资金流入。国际资金的涌入也带来国内流动性增长。多重因素导致我国经济在2007年前后出现了过热的迹象。为平抑经济波动，2007年开始我国连续加息、提高准备金率，2008年货币政策基调从维持了7年的"稳健"转向"从紧"。这些收紧的政策使得2008年开始经济活动逐渐进入降温周期。

然而，在2008年9月美国次贷危机突然恶化。以雷曼兄弟破产为标志，此前市场以为已经得到解决的次贷危机升级为金融和经济危机，国际金融市场流动性骤然趋紧，进而导致了美国三大汽车公司连带受到冲击，最后通过融资链条影响了整个实体经济，生产活动大大放缓。体现在数据上就是我国的出口同比增速在2008年9月之后快速下滑。因此，国内经济增速既面临着前期紧缩政策带来的下行周期，又面临着国际金融危机扩大带来的外需下降。二者叠加导致2008年第三季度之后经济下行速度明显加快。

三、前所未有的"四万亿"

从前面的分析可以看出，经济增速的快速回落来自国内的内需和国外的外需两个层面。外需方面取决于美、欧等发达经济体经济复苏的进程，难以把握。因此管理层将对冲政策的重点放在了内需方面，并将财政政策的基调从2008年的"稳健"转向2009年的"积极"。由于本轮经济下行速度较快，因此管理层的对冲政策力度也很大，并且三驾马车中的投资和消费都有涵盖。

基建方面，2008年11月推出了"四万亿"计划。2008年11月5日，国务院总理温家宝主持召开国务院常务会议，研究部署进一步扩大内需、促进经济平稳较快增长的措施。会议认为，近两个月来，世界经济金融危机日趋严峻，为抵御国际经济环境对我国的不利影响，必须采取灵活审慎的宏观经济政策，以应对复杂多变的形势。当前要实行积极的财政政策和适度宽松的货币政策，出台更加有力的扩大国内需求的措施。会议确定了当前进一步扩大内需、促进经济增长的十项措施：①加快建设保障性安居工程；②加快农村基础设施建设；③加快铁路、公路和机场等重大基础设施建设；④加快医疗卫生、文化教育事业发展；⑤加强生态环境建设；⑥加快自主创新和结构调整；⑦加快地震灾区灾后重建各项工作；⑧提高城乡居民收入；⑨在全国所有地区、所有行业全面实施增值税转型改革，鼓励企业技术改造，减轻企业负担1200亿元；⑩加大金融对经济增长的支持力度。初步匡算，实施上述工程建设，到2010年年底约需投资4万亿元。

2009年5月21日，发改委有关负责人进一步解释了4万亿元新增投资的资金来源情况。在4万亿元投资中，新增中央投资共1.18万亿元，占总投资规模的29.5%，主要来自中央预算内投资、中央政府性基金、中央财政其他公共投资，以及中央财政灾后恢复重建基金；其他投资2.82万亿元，占总投资规模的70.5%，主要来自地方财政预算、中央财政代发地方政府债券、政策性贷款、企业（公司）债券和中期票据、银行贷款以及吸引民间投资等。

"四万亿"计划出台之后落地迅速，对投资的提振见效较快。2009年年初的基建投资增速就开始迅速提升，全年最高增速超过50%（见图5-6）。2009年的财政支出增速也保持在较高水平，直到2009年下半年政策开始调整之后增速才逐渐回落。

房地产方面，主要的政策（降低交易税费、调整贷款利率及首付比例等）集中在2008年第四季度出台。由于前期较为严厉的调控，地产在2008年上半年就已经表现出了下行趋势。因此在2008年10月财政部就已经先行出台了相关提振措施。2008年12月17日，国务院总理温家宝主持召开国务院常务会议，进一步研究部署促进房地产市场健康发展的政策措施。随后国务院办公厅21日发布支持房地产开发企业积极应对市场变化的意见共13条，被称为"国十三条"。随后多个城市跟进，地产政策进入普遍放松周期（见表5-1）。

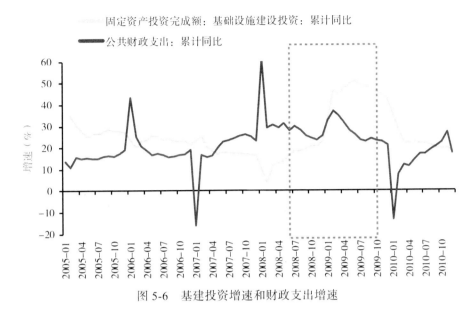

图 5-6 基建投资增速和财政支出增速

资料来源：Wind，兴业证券经济与金融研究院。

表 5-1 本次牛市期间地产领域相关政策

时间	部门	政策	内容
2008-10-22	财政部	《继续加大保障民生投入力度 切实解决低收入群众基本生活》	1. 从 2008 年 11 月 1 日起，对个人首次购买 90 平方米及以下普通住房的，契税税率暂统一下调到 1%；对个人销售或购买住房暂免征收印花税；对个人销售住房暂免征收土地增值税。地方政府可制定鼓励住房消费的收费减免政策 2. 金融机构对居民首次购买普通自住房和改善型普通自住房提供贷款，其贷款利率的下限可扩大为贷款基准利率的 0.7 倍，最低首付款比例调整为 20%。同时，下调个人住房公积金贷款利率，各档次利率分别下调 0.27 个百分点
2008-10-23	财政部、国家税务总局	《关于调整房地产交易环节税收政策的通知》	自 2008 年 11 月 1 日起： 1. 对个人首次购买 90 平方米及以下普通住房的，契税税率暂统一下调到 1%。首次购房证明由住房所在地县（区）住房建设主管部门出具 2. 对个人销售或购买住房暂免征收印花税 3. 对个人销售住房暂免征收土地增值税

（续）

时间	部门	政策	内容
2008-12-21	国务院	《国务院办公厅关于促进房地产市场健康发展的若干意见》	1. 对已贷款购买一套住房，但人均住房面积低于当地平均水平，再申请贷款购买第二套用于改善居住条件的普通自住房的居民，可比照执行首次贷款购买普通自住房的优惠政策。对其他贷款购买第二套及以上住房的，贷款利率等由商业银行在基准利率基础上按风险合理确定 2. 对住房转让环节营业税暂定一年实行减免政策。将现行个人购买普通住房超过 5 年（含 5 年）转让免征营业税，改为超过 2 年（含 2 年）转让免征营业税；将个人购买普通住房不足 2 年转让的，由按其转让收入全额征收营业税，改为按其转让收入减去购买住房原价的差额征收营业税 3. 将现行个人购买非普通住房超过 5 年（含 5 年）转让按其转让收入减去购买住房原价的差额征收营业税，改为超过 2 年（含 2 年）转让按其转让收入减去购买住房原价的差额征收营业税；个人购买非普通住房不足 2 年转让的，仍按其转让收入全额征收营业税 4. 支持房地产开发企业合理的融资需求 5. 取消城市房地产税 以上政策暂定执行至 2009 年 12 月 31 日
2008-12-31	财政部、国家税务总局	《关于个人住房转让营业税政策的通知》	自 2009 年 1 月 1 日～ 12 月 31 日： 1. 个人将购买不足 2 年的非普通住房对外销售的，全额征收营业税 2. 个人将购买超过 2 年（含 2 年）的非普通住房或者不足 2 年的普通住房对外销售的，按照其销售收入减去购买房屋的价款后的差额征收营业税 3. 个人将购买超过 2 年（含 2 年）的普通住房对外销售的，免征营业税
2009-05-27	国务院	《国务院关于调整固定资产投资项目资本金比例的通知》	保障性住房和普通商品住房项目的最低资本金比例为 20%，其他房地产开发项目的最低资本金比例为 30%

资料来源：Wind，兴业证券经济与金融研究院。

　　一系列地产放松政策效果显著，房地产新开工、销售和投资增速都出现了大幅的回升。叠加 2008 年的宽松货币政策，2009 ～ 2010 年地产上行周期的高点都突破了上轮周期的高点。

四、不只是四万亿：大量消费促进与产业推动计划

2009 年年初，管理层出台的对冲政策转向消费端。2009 年 1 月 14 日，国务院常务会议审议并原则通过汽车产业振兴规划。按照汽车产业振兴规划，除 2009 年 1 月 20 日～ 12 月 31 日，对 1.6 升及以下排量乘用车按 5% 征收车辆购置税之外，国家还将于 2009 年 3 月 1 日起～ 12 月 31 日，安排 50 亿元资金，对农民报废三轮汽车和低速货车换购轻型载货车及购买 1.3 升以下排量微型客车给予一次性财政补贴。

家电下乡文件的出台虽然要更早一些，但大规模铺开是在 2009 年。2008 年 11 月 28 日，财政部、商务部、工业和信息化部出台了《关于全国推广家电下乡工作的通知》，明确了 2008 年 12 月和 2009 年 2 月分两批将家电下乡范围推广到全国，家电下乡产品为彩电、冰箱、洗衣机、手机四类产品，按产品销售价格的 13% 予以补贴（但不超过某一上限）。2008 年 12 月 31 日，国务院办公厅发布《关于搞活流通扩大消费的意见》，规定在 2009 年 2 月家电下乡的范围推广到全国的同时，把摩托车、电脑、热水器（包括太阳能、燃气、电力类）和空调等产品也列入家电下乡政策补贴范围。

在一系列财政刺激政策的帮助下，2009 年家电和汽车的社会商品零售额增速迅速回暖，虽然高点出现在 2010 年，但 2009 年持续改善的数据给市场信心带来了很大的提振。

此外，在制造业领域还推出了"十大产业振兴规划"。2009 年 1 月 14 日～ 2 月 25 日的国务院常务会议上，分别审议通过了钢铁、汽车、船舶、石化、纺织、轻工、有色金属、装备制造、电子信息以及物流业这 10 个行业的产业振兴规划。这些行业中有的是国民经济的支柱产业，有的是战略性产业，有的是重要的民生产业，在国民经济中地位举足轻重。这十大产业规划，不是简单的扩大生产，而是同时进行产业升级，例如汽车产业规划就提出"实施新能源汽车战略"以及"新能源汽车补贴"。这一系列政策为后续 2009 年第二季度股市中的新能源、电子信息相关行业的表现提供了极大的助推（见表 5-2）。

表 5-2   密集出台的十大产业规划

规划	通过时间	主要任务	政策措施
钢铁产业调整和振兴规划	2009-01-14	1. 保持国内市场稳定，改善出口环境 2. 严格控制钢铁总量，加快淘汰落后 3. 促进企业重组，提高产业集中度 4. 加大技术改造力度，推动技术进步 5. 优化钢铁产业布局，统筹协调发展 6. 调整钢材品种结构，提高产品质量 7. 保持进口铁矿石资源稳定，整顿市场秩序 8. 开发国内外两种资源，保障产业安全	1. 调整部分产品的进出口税率 2. 实施公平贸易政策 3. 加大技术进步及技术改造投入 4. 完善落后产能退出机制 5. 完善企业重组政策 6. 适时修订钢铁产业政策 7. 提高建筑工程用钢标准 8. 实现钢铁与相关产业协调发展 9. 继续实施有保有压的融资政策 10. 积极实施"走出去"战略 11. 建立产业信息披露制度 12. 发挥行业协（商）会作用
汽车产业调整和振兴规划	2009-01-14	1. 培育汽车消费市场 2. 推进汽车产业重组 3. 支持企业自主创新 4. 实施技术改造专项 5. 实施新能源汽车战略 6. 实施自主品牌战略 7. 实施汽车产品出口战略 8. 发展现代汽车服务业	1. 减征乘用车购置税 2. 开展"汽车下乡" 3. 加快老旧汽车报废更新 4. 清理取消限购汽车的不合理规定 5. 促进和规范汽车消费信贷 6. 规范和促进二手车市场发展 7. 加快城市道路交通体系建设 8. 完善汽车企业重组政策 9. 加大技术进步和技术改造投资力度 10. 推广使用节能和新能源汽车 11. 落实和完善《汽车产业发展政策》
纺织工业调整和振兴规划	2009-02-04	1. 稳定国内外市场 2. 提高自主创新能力 3. 加快实施技术改造 4. 淘汰落后产能 5. 优化区域布局 6. 完善公共服务体系 7. 加快自主品牌建设 8. 提升企业竞争实力	1. 继续提高纺织品服装出口退税率 2. 加大棉花、厂丝收购力度 3. 加大技术进步和技术改造投资力度 4. 进一步扩大国内消费 5. 鼓励企业实施兼并重组 6. 加大对纺织企业的金融支持 7. 减轻纺织企业负担 8. 加大对中小纺织企业扶持力度 9. 加强产业政策引导 10. 发挥行业协（商）会作用

（续）

规划	通过时间	主要任务	政策措施
装备制造业调整和振兴规划	2009-02-04	1. 依托十大领域重点工程，振兴装备制造业 2. 抓住九大产业重点项目，实施装备自主化 3. 提升四大配套产品制造水平，夯实产业发展基础 4. 推进七项重点工作，转变产业发展方式	1. 发挥增值税转型政策的作用 2. 加强投资项目的设备采购管理 3. 鼓励使用国产首台（套）装备 4. 加大技术进步和技术改造投资力度 5. 支持装备产品出口 6. 调整税收优惠政策 7. 推进企业兼并重组 8. 落实节能产品补贴和农机具购置补贴政策 9. 建立产业信息披露制度 10. 支持产品检验检测和认证机构建设
船舶工业调整和振兴规划	2009-02-11	1. 稳定船舶企业生产 2. 扩大船舶市场需求 3. 发展海洋工程装备 4. 支持企业兼并重组 5. 提高自主创新能力 6. 加强企业技术改造 7. 积极发展修船业务 8. 努力开拓国际市场 9. 加强船舶企业管理	1. 加大生产经营信贷融资支持 2. 增加船舶出口买方信贷投放 3. 鼓励购买弃船 4. 努力扩大国内船舶市场需求 5. 加快淘汰老旧船舶和单壳油轮 6. 严格控制新增产能 7. 完善企业兼并重组政策措施 8. 加大科研开发和技术改造投入
电子信息产业调整和振兴规划	2009-02-18	1. 确保计算机、电子元器件、视听产品等骨干产业稳定增长 2. 突破集成电路、新型显示器件、软件等核心产业的关键技术 3. 在通信设备、信息服务、信息技术应用等领域培育新的增长点	1. 落实扩大内需措施 2. 加大国家投入 3. 加强政策扶持 4. 完善投融资环境 5. 支持优势企业并购重组 6. 进一步开拓国际市场 7. 强化自主创新能力建设
轻工业调整和振兴规划	2009-02-19	1. 稳定国内外市场 2. 增强自主创新能力 3. 加快实施技术改造 4. 实施食品加工安全专项 5. 加强自主品牌建设 6. 推动产业有序转移 7. 提高产品质量水平 8. 加强企业自身管理 9. 切实淘汰落后产能	1. 进一步扩大"家电下乡"补贴品种 2. 提高部分轻工产品出口退税率 3. 调整加工贸易目录 4. 解决涉农产品收储问题 5. 加强技术创新和技术改造 6. 加大金融支持力度 7. 大力扶持中小企业 8. 加强产业政策引导 9. 鼓励兼并重组和淘汰落后 10. 发挥行业协会作用

（续）

规划	通过时间	主要任务	政策措施
石化产业调整和振兴规划	2009-02-19	1. 保持产业平稳运行 2. 提高农资保障能力 3. 稳步开展煤化工示范 4. 抓紧实施重大项目 5. 统筹重大项目布局 6. 大力推动技术改造 7. 加快淘汰落后产能 8. 加强生态环境保护 9. 支持企业联合重组 10. 增强资源保障能力 11. 提高企业管理水平	1. 完善化肥储备机制 2. 抓紧落实油品储备 3. 加强信贷政策支持 4. 完善成品油价格形成机制 5. 加大技术改造投入 6. 支持境外资源开发 7. 实施公平税负政策 8. 推进企业兼并重组 9. 完善产业发展政策 10. 依法做好反倾销和反走私等工作
有色金属产业调整和振兴规划	2009-02-25	1. 稳定国内市场，改善出口环境 2. 严格控制总量，加快淘汰落后产能 3. 加强技术改造，推动技术进步 4. 促进企业重组，调整产业布局 5. 开发境内外资源，增强资源保障能力 6. 发展循环经济，搞好再生利用 7. 加强企业管理和安全监管，注重人才培养	1. 完善出口税收政策 2. 抓紧建立国家收储机制 3. 加大技术进步及技术改造投入 4. 推进直购电试点 5. 完善企业重组政策 6. 支持企业"走出去" 7. 修订完善产业政策 8. 合理配置资源 9. 继续实施有保有压的融资政策 10. 严格执行节能减排淘汰落后产能问责制 11. 建立产业信息的交流和披露制度 12. 发挥行业协会（商会）作用
物流业调整和振兴规划	2009-02-25	1. 积极扩大物流市场需求 2. 大力推进物流服务的社会化和专业化 3. 加快物流企业兼并重组 4. 推动重点领域物流发展 5. 加快国际物流和保税物流发展 6. 优化物流业发展的区域布局 7. 加强物流基础设施建设的衔接与协调 8. 提高物流信息化水平 9. 完善物流标准化体系 10. 加强物流新技术的开发和应用	1. 加强组织和协调 2. 改革物流管理体制 3. 完善物流政策法规体系 4. 制订落实专项规划 5. 多渠道增加对物流业的投入 6. 完善物流统计指标体系 7. 继续推进物流业对外开放和国际合作 8. 加快物流人才培养 9. 发挥行业社团组织的作用

资料来源：中国政府网，兴业证券经济与金融研究院

五、政策效果：上市公司利润增速在 2009 年年底即由负转正

投资和消费政策同时发力，叠加宽松的货币环境，工业企业经营状况有了迅速的改善，2009 年全年都处在增速提升的过程中，并在 2010 年超过了前期 15% 左右的增速中枢，刺激效果十分明显。上市公司层面，全部 A 股在 2009 年第一季度见底，当时最低点是 –25%，随后逐季度回升，并在 2009 年年底恢复正增长，全年盈利累计增长 25%。

六、强刺激的终结：经济复苏叠加通胀压力上行导致政策转向

在财政货币双宽松政策的刺激下，经济开始进入第二轮周期复苏并快速走向过热，大量投资集中于地产和基建，加剧了钢铁和煤炭等行业产能过剩，物价水平持续攀升，房价也出现过快上涨的迹象。因此随着经济增速企稳，前期的刺激政策也开始进行修正。

2009 年 6 月 22 日，银监会下发通知要求严格执行二套房贷政策：首付四成，利率上浮 10%。9 月 29 日国务院发布《关于抑制部分行业产能过剩和重复建设引导产业健康发展的若干意见》，将钢铁、水泥、平板玻璃、煤化工、多晶硅、风电设备列为六大产能过剩行业，要求在 2009 ～ 2011 年不再核准新建、改扩建电解铝项目。10 月 24 日，温家宝主持国务院常务会议，就促进房地产市场健康发展提出增加供给、抑制投机、加强监管、推进保障房建设等四大举措（"国四条"），同时明确表态要"遏制房价过快上涨"。此后在 2010 年，由于国外热钱涌入及前期低基数，通胀快速上行，导致央行重新收紧货币政策。至此，宏观政策面重新回归收缩的局面。

此外，政策调整还包括优化投资结构和规模、清理地方融资平台、实施房地产新政、强制节能减排、人民币汇改重启、调整出口退税及提高地方工资水平等。

第三节　从流动性视角看危机应对与市场反应

一、货币政策：大幅降准、降息应对金融危机

为了配合财政政策刺激，货币政策同样在 2008 年下半年开始大幅放松，一改上半年收紧的态势，2009 年的货币政策基调从"从紧"大幅转向"适度宽松"。2008 年 9 月 16 日央行宣布人民币贷款基准利率下调 0.27 个百分点；10 月 8 日，下调存款准备金率 0.5 个百分点，下调一年期存贷款基准利率 0.27 个百分点；11 月 27 日，央行一次性大幅下调存贷款基准利率 1.08 个百分点，创 11 年来最大降息幅度，存款准备金率下调 1 ～ 2 个百分点；12 月 23 日，央行年内第 5 次降息，降幅 0.27 个百分点（见图 5-7）。

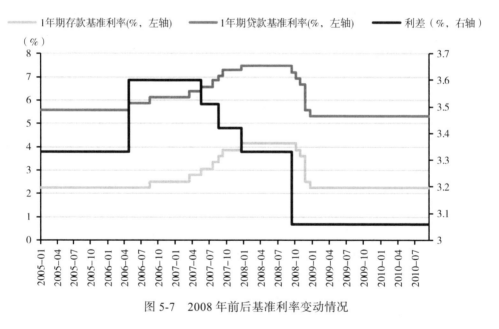

图 5-7　2008 年前后基准利率变动情况

资料来源：Wind，兴业证券经济与金融研究院。

经过此轮降息，存贷款基准利率比 2005 年的水平还要低，存款准备金率也降到了 2008 年年初的水平，并在 2009 年全年得以持续。这一宽松的货币政策

极大地改善了流动性和风险偏好，为市场在 2009 年逐步上行提供了基础。

二、货币供应持续放量

虽然 2009 年利率政策保持稳定，没有进一步地降准和降息，但管理层保持宽松流动性的意图是非常明显的。2008 年 12 月 13 日国务院办公厅发布《关于当前金融促进经济发展的若干意见》，明确提出 "创造适度宽松的货币信贷环境，以高于 GDP 增长与物价上涨之和约 3 ～ 4 个百分点的增长幅度作为 2009 年货币供应总量目标，争取全年广义货币供应量（M2）增长 17% 左右"。2009 年上半年流动性宽裕程度超过历史同期。

从广义货币供应量来看，2009 年 1 月份 M2 增速为 18.79%，2 月份为 20.48%，3 月份～ 5 月份均超过 25%，到 6 月份达 28.46%。而 2007 年上半年与 2008 年上半年 M2 最高月增长率分别为 17.80% 与 18.94%，都低于 2009 年 M2 的增长速度（见图 5-8 ）。

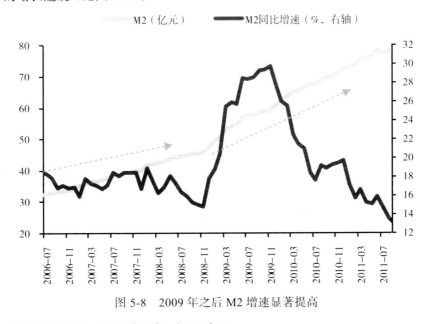

图 5-8 2009 年之后 M2 增速显著提高

资料来源：Wind，兴业证券经济与金融研究院。

　　从新增人民币贷款来看，2009 年上半年新增人民币贷款共计 7.27 万亿元，比去年同期增长了 201%，其中，第一季度为 4.58 万亿元，第二季度为 2.69 万亿元。而 2007 年与 2008 年全年新增人民币贷款分别为 3.63 万亿元和 4.90 万亿元，可以看出，2009 年第一季度的信贷投放量就超过了以往全年的水平。货币的投放使得 2009 年上半年流动性非常充沛（见图 5-9）。

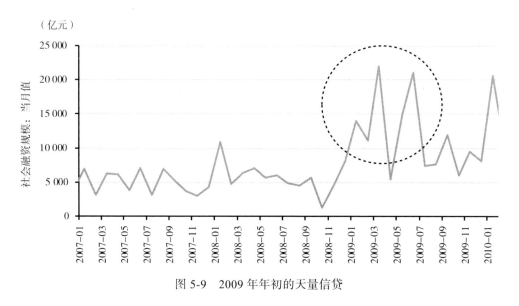

图 5-9　2009 年年初的天量信贷

资料来源：Wind，兴业证券经济与金融研究院。

三、股市供需：IPO 再次暂停，基金发行和新开户回暖

　　在融资方面，2008 年 7 月 18 日，证监会以回应股市热点问题的形式，开始控制新股发行节奏。9 月份，证监会暂停了 IPO，这是历史上第七次暂停 IPO。

　　在引入增量资金方面，2008 年 8 月 27 日，证监会发布《关于修改〈上市公司收购管理办法〉第六十三条的决定》，鼓励上市公司股东增持股份，稳定股价。9 月 19 日，汇金公司增持工、中、建三行股份；同日，国资委支持央企增持或回购上市公司股份。10 月 5 日，证监会宣布将正式启动证券公司融资融券业务试点工作（见表 5-3）。

表 5-3   2008 年股市资金政策梳理

日　　期	相关部门	方式	内容
2008-04-24	财政部、国家税务总局	下调印花税	调整证券（股票）交易印花税税率，从3‰降为1‰
2008-08-27	证监会	《关于修改〈上市公司收购管理办法〉第六十三条的决定》	鼓励上市公司股东增持股份，稳定股价。上市公司增持本公司股票可按修改后的细则实行简化程序免除要约收购。例如，允许控股股东 12 个月内增持不超过公司已发行股份的 2%，可以先增持，再申报
2008-09-18	财政部、国家税务总局	新闻公告	印花税单边征收，只向出让方征收
2008-09-18	汇金公司	公告	增持工、中、建三行各 200 万股股份
2008-09-18	国资委	新闻联播	支持中央企业根据自身发展需要增持其所控股上市公司股份，支持中央企业控股上市公司回购股份
2008-10-05	证监会	新闻发布会	近期将正式启动证券公司融资融券业务试点工作
2008-12-24	国务院	《关于当前金融促进经济发展的若干意见》	加快建设多层次资本市场体系，采取有效措施，稳定股票市场运行，发挥资源配置功能。完善中小企业板市场各项制度，适时推出创业板，逐步完善有机联系的多层次资本市场体系

资料来源：Wind，兴业证券经济与金融研究院。

在一系列政策支持下，股市逐渐回暖，开始形成赚钱效应，进一步吸引更多资金进入。2009 年的 3～7 月，新成立的股票和混合型基金规模达 1151 亿元，是 2008 年全年成立规模的 3 倍；新开股票账户数达 785 万户，是此前 8 个月的总和。增量资金的持续流入为股市稳步上行创造了条件。

四、宽松货币政策的结束：货币政策微调及 IPO 重启

随着经济企稳，极其宽松的货币政策不可避免地带来了通胀上行压力，因此 2009 年下半年货币政策开始有所调整。5 月 22 日证监会就新股发行体制改革公开征求社会意见。7 月 9 日，央行恢复发行一年期央票，带动货币市场利率提

升。7月29日中国建筑IPO上市，当天沪市大跌5%，创该个股当年最大的单日跌幅。7月30日银监会发布《流动资金贷款管理暂行办法》进一步引起市场对流动性收紧的担忧。而事实上无论是M2增速还是市场利率水平确实都开始回归到正常水平，流动性极度宽松的局面逐渐回归正常。10月23日，创业板正式开板。

第四节　行情节奏：少见的V形反转

从前文的分析可以看到，货币政策、财政政策中的投资政策都是在2008年出台的，因此2008年第四季度也就成了市场的筑底期。一方面，市场由于前期的惯性继续下跌，在没有看到经济周期确定性好转的背景下，一次性的政策带给市场的更多的是短暂的刺激。例如9月的降准、降息的效果只持续了两周，10月之后市场继续下行。

市场的转机发生在11月，政策开始持续发力，标志着前期紧缩的政策可能开始进入拐点。10月底房地产政策开始放松，11月初"四万亿"计划出台，基准利率和存款准备金率连续大幅下调，12月进一步出台了房地产放松政策，并开始出台消费端政策。一系列政策带动市场，市场预期开始改善，指数在11月完成了筑底回升。但由于此时仍然处于政策的出台期，市场对于政策的持续性和见效时效都还存有一定疑虑，因此指数并没有开始趋势性上行（见图5-10）。

2009年1～3月是观察前期效果并期待政策加力的博弈期。进入2009年1月后，市场情绪逐渐改善，各地的微观数据已经反映出回暖趋势，市场对社融等货币端高频数据的预期开始提升。叠加国务院常务会议开始出台进一步的产业振兴规划，市场情绪进一步转暖。春节之后2月12日公布的1月新增信贷达1.6万亿的天量，大大超过了市场预期，随后市场进入了一段快速上攻的阶段。

然而，此时快速上涨的推动力是单纯的估值提升。随着2月底业绩快报披露结束，以及市场逐渐消化政策带来的短期情绪改善，市场关注的重点又回到了业绩层面。结合仍在走弱的经济数据，以及海外（尤其是美国）次贷危机开始极大影响实体领域（美国三大汽车集团出现经营危机），当时市场的预期普遍是2009年经济还将需要很长一段时间才能看到企稳回升，因此对前期的政策信心不足。叠加3月18日美联储扩大QE，市场普遍期望国内有进一步的政策加力。

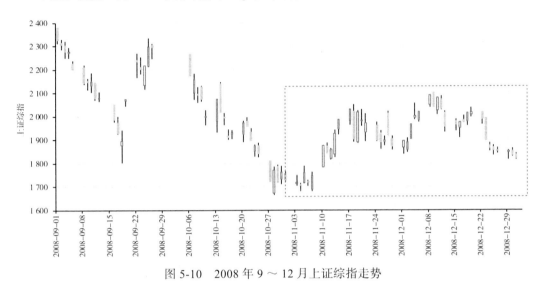

图 5-10　2008 年 9～12 月上证综指走势

资料来源：Wind，兴业证券经济与金融研究院。

　　但从管理层的角度来看，前期的货币和财政政策力度已经较大，暂时不需要出台更加强力的政策。因此在 2009 年的两会期间政策表态没有进一步强化。这使得 3 月中旬市场整体又回到了震荡格局。直到 3 月下旬财政部推出 2000 亿地方债发行方案帮助地方政府提振经济，市场才又重新回暖（见图 5-11）。

　　这一阶段与 2008 年第四季度最大的不同点在于，指数运行中枢有了显著的提升。由于 2008 年第四季度处在次贷危机爆发初期，市场风险偏好有较大幅度的下降，政策所起到的效果是稳定指数。随着市场对次贷危机的影响逐渐消化，以及对国内经济情绪的好转，市场做多动能再次开启。在天量信贷数据的佐证下，市场意识到此轮政策力度之大、落实之快超过以往，因此在 2 月短短 10 个交易日左右就完成了中枢的快速提升。

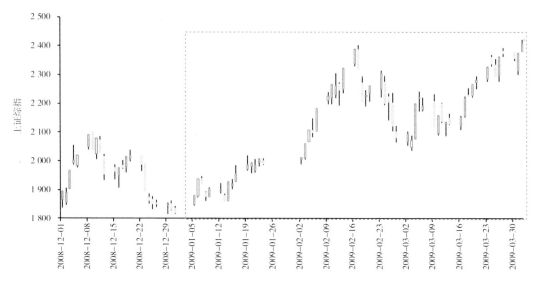

图 5-11　2008 年 12 ～ 2009 年 3 月上证综指走势

资料来源：Wind，兴业证券经济与金融研究院。

　　市场情绪在此时有了较大的改善。从成交额和换手率来看，由于市场在短期快速上涨，市场情况在这一阶段也有较大的改善，周度换手率在 2009 年 2 月接近4%，是本次牛市的最高水平，个人投资者开户数也回升到了 2008 年年初的水平。

　　2009 年的 4 ～ 7 月是数据验证期。进入 4 月份之后，市场基本呈现出单边上行的趋势。一方面，随着月度经济和金融数据的出台，市场发现经济复苏的时点要早于预期，货币流动性的宽松度也比预期持续的时间更长，因此市场做多情绪不断上升。而随后公布的企业盈利数据也进一步印证了市场的乐观情绪，指数开始稳步提升。但是，由于第一季度信贷频频创出天量，市场开始担忧政策会有所微调。事实也不难看出，刺激政策都是在 2008 年年底和 2009 年年初推出的，在 2009 年的第二季度，没有新的大型刺激政策出台。同时，经济数据存在一定的滞后性，二者叠加导致市场绝大部分时间都处于小幅上涨的态势，无论是涨跌幅和成交量都是相对温和的。反而是进入第三季度，市场对经济复苏已经基本确定之后，市场活跃度才有了进一步的提升。

在经济复苏态势确立之后，管理层开始调整前期的强刺激政策。尤其是看到 2009 年上半年新增信贷量创历史新高后，7 月央行和证监会都开始加大调节力度。例如 7 月 9 日，央行恢复一年期央票发行，针对 10 家银行推出规模总计 1000 亿元的定向央票，期限为一年。银监会 7 月 23 日发布《固定资产贷款管理暂行办法》，7 月 30 日发布《流动资金贷款管理暂行办法》，清查贷款去向，强化贷款管理。而证监会则通过扩容手段消化市场过于充沛的流动性，例如 6 月 18 日，三金药业发布招股意向书，IPO 正式重启。6 月 5 日深交所正式发布了《深圳证券交易所创业板股票上市规则》，并于 7 月 1 日起施行。此外，6～7 月央行连续抬高正回购利率，长端利率趋势性上行，货币政策调整的信号意义非常明显。一系列因素叠加导致 7 月 29 日中国建筑 IPO 上市时市场出现较大调整，市场对 IPO 影响流动性的担忧再起。叠加后续国务院常务会议等一系列政策表态均提到刺激政策退出，市场做多意愿开始下降，并且使得指数进入调整状态，最后在 2010 年的紧缩政策下再次回落。

从市场的量价走势来看，这次牛市在 2009 年 3 月之后的上升期有两个特点。一是上涨过程没有明显的调整和暴涨，符合"慢牛"的特点。如图 5-12 所示，从 4 月至 7 月 28 日（大跌前一天）的 81 个交易日中，涨跌幅绝对值超过 3% 的只有 3 天，超过 2% 的也只有 11 天，并且跌幅超过 2% 的只有 2 个交易日。这使得整个市场上升过程呈现出一种略微震荡上行的态势，总体来看没有明显的阶段划分。二是成交量在上升阶段大部分时间相对平稳，没有剧烈变化。以上证综指 10 日移动平均成交额为例，在 2008 年 12 月、2009 年 2 月市场上涨期间，成交额都有较为明显的放大。但是在 2009 年 4～7 月期间，虽然指数不断走高，成交额反而在 1400 亿元的附近区间震荡，没有跟随上行。这一方面表现出市场参与者此时相对理性，另一方面表现出市场是在充分换手的局面下上行的，有利于市场逐步上涨。

从成交额和换手率来看，市场情绪在 2009 年 3 月后仍保持着较高的水平。周度换手率基本上围绕 3% 上下波动，个人投资者开户数则在 7 月到达本次牛市的最高峰。

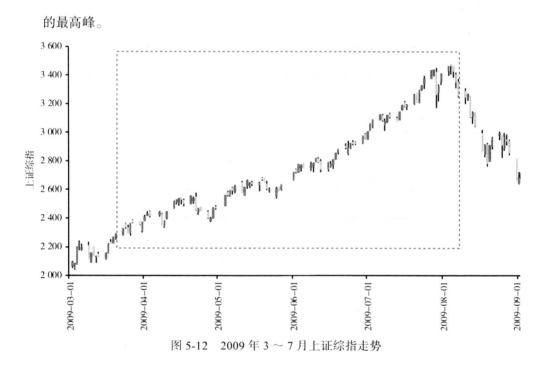

图 5-12   2009 年 3 ～ 7 月上证综指走势

资料来源：Wind，兴业证券经济与金融研究院。

2009 年 8 ～ 12 月构筑双顶，本次牛市结束。进入 8 月之后上证综指快速调整，单月累计下跌 21%。股市的过快调整引发了监管层的关注，同时也不利于创业板的顺利推行。临近 10 月，监管层频繁表态，例如银监会决定暂缓执行对商业银行次级债扣减资本的规定，以及十七届四中全会做出政策连续性和持续性的表态。这些因素带动市场在快速调整之后又有所回升。但是 11 月迪拜的债务危机以及 12 月三大评级机构下调希腊主权评级给来年的世界经济形势增加了不确定性。12 月 7 日中央经济工作会议明确了 2010 年经济工作的重点是"保增长，调结构，防通胀"。提出"保持投资适度增长"和"货币政策要增强针对性和灵活性"等表述，市场对后续政策环境产生了担忧，上证综指进入高位震荡阶段。2010 年 1 月 14 日，央行上调存款准备金率。4 月 14 日"新国四条"颁布，政策强调要严厉调控房地产。5 月初存款准备金率再次上调。最终 2010 年上证综指没能回到

2009年的高点，从而确认了2009年第四季度的双顶格局（见图5-13）。

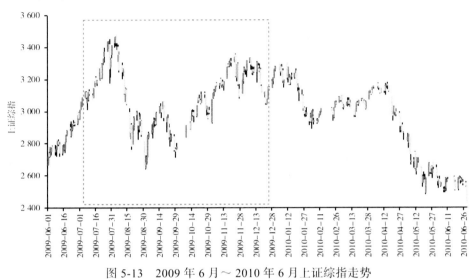

图5-13　2009年6月～2010年6月上证综指走势

资料来源：Wind，兴业证券经济与金融研究院。

市场情绪开始逐渐回落。从成交额和换手率来看，市场在这一阶段开始逐渐回落。日均换手率从3%逐渐下降至围绕2%上下波动的水平（见图5-14）。个人投资者开户数也较此前有较大回落。

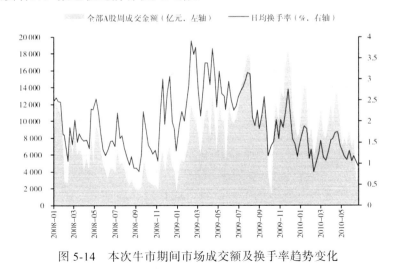

图5-14　本次牛市期间市场成交额及换手率趋势变化

资料来源：Wind，兴业证券经济与金融研究院。

第五节 行业表现：
有色金属、煤炭、汽车涨幅位居前三

一、总体来看：周期股、成长股累计收益较大

从本次牛市的行业区间涨跌幅来看，表现较好的行业基本都是直接受政策刺激较大的行业，例如有色金属、煤炭、建材、房地产、钢铁等。相比之下，具有稳定现金流性质的类消费行业表现一般，例如食品饮料、建筑、交运、电力及公用事业等（见图 5-15）。

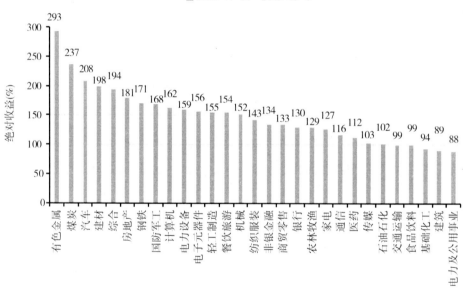

图 5-15 此次牛市期间一级行业绝对收益表现

资料来源：Wind，兴业证券经济与金融研究院。

从大类板块来看，牛市的第一阶段，成长股、周期股、消费股都有较好的超额收益（即行业涨幅超过上证综指涨幅的部分），金融和稳定板块表现一般。在牛市第二阶段，成长股、周期股继续表现强势，消费板块表现开始落后，金融板块开始追赶。在牛市第三阶段，金融板块、周期股表现进一步提升，消费

股、成长股表现开始趋弱（见图 5-16）。

图 5-16　此次牛市期间大类行业相对上证综指的累计超额收益

资料来源：Wind，兴业证券经济与金融研究院。

二、上中游原材料：有色金属表现持续，煤炭、建材涨幅较高

无论是投资端的基建、房地产领域，还是消费端的汽车家电领域，有色金属中的铜、铝等工业金属都是直接收益，因此有色金属在本轮行情中基本上是持续上涨。

建材受到 2008 年的 4 万亿及 2009 年 3 月推出的 2000 亿地方债刺激下在牛市的第一、二阶段表现较好，但在后期由于预期兑现因素表现开始落后。

煤炭的表现则正好相反，在牛市第一、二阶段受政策层面引导发展新能源以及经济数据不佳的影响下表现持续偏弱，在 2009 年 4 月投资规模扩大及经济数据转好的预期提振下才开始逐渐上行。然而另一方面，煤炭价格上行导致钢铁行业受损，因此此次牛市钢铁表现集中在牛市后期市场热点扩散的时段（见图 5-17）。

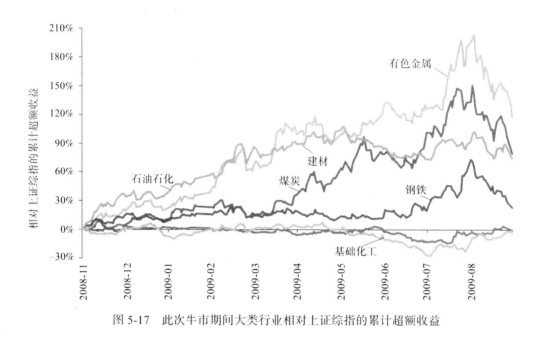

图 5-17　此次牛市期间大类行业相对上证综指的累计超额收益

资料来源：Wind，兴业证券经济与金融研究院。

三、中游工业：电力设备前期表现强劲，牛市后期回落

中游工业行业中表现相对较好的是电力设备。这主要是受到新能源政策的提振。2008 年国际油价到达了 140 美元 / 桶的高位，对我国能源安全产生了很大的影响。因此从 2008 年开始，我国开始出台一系列政策引导发展新能源。例如在汽车产业振兴规划中，就首次提出对新能源汽车进行补贴试点。此后还有新能源产业规划等文件。在一系列政策持续加持背景下电力设备行业有较为持续的表现。但与周期品不同，电力设备行业的上涨很大一部分来自估值的提升。行业指数在 2009 年 6 月见高点时，PE 已经超过 54 倍，接近 2008 年年初的水平，是 2008 年 11 月时低点的近 4 倍，因此反而在牛市后期电力设备跑输市场（见图 5-18）。

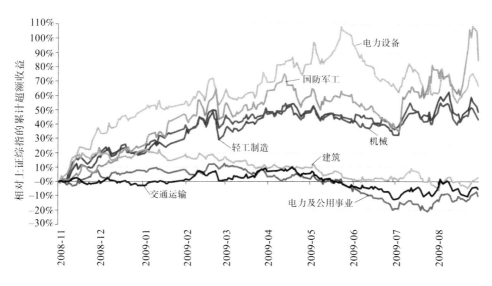

图 5-18　此次牛市期间大类行业相对上证综指的累计超额收益

资料来源：Wind，兴业证券经济与金融研究院。

四、下游消费品：房地产、汽车表现强势，家电启动滞后

　　下游消费作为防御属性较强的行业，在这次牛市中多数表现一般。只有房地产、汽车这两个行业相对较为强势并且持续性较强。这与 2008 年的地产政策放松及 2009 年年初的汽车行业振兴规划关系较大，并且由于地产投资和销售数据持续好转，带动这两大行业在此次牛市中一直表现强势。

　　比较令人意外的是，同为受到政策刺激的家电行业在这轮牛市中的表现只能用一般来形容，在第一、二阶段的上涨后，在牛市第三阶段进入了区间震荡。这是受政策力度的影响。从政策刺激力度来看，家电下乡的力度刺激确实不如汽车行业，后者不仅有购置税下调和购车补贴，还出台了汽车工业振兴计划给予长期支持。而家电下乡一方面补贴金额较少，补贴型号和购买数量被限定，另一方面主要针对农村地区客户，见效有一定的时滞性。这种政策差异最终表现在估值提升幅度上，汽车行业估值提高了 3 倍，而家电行业估值只提高了 1

倍。其次从时间节点上来看，家电的超额收益体现在 2009 年第四季度，亦即牛
市见顶之后。2009 年 8 月 4 日指数至此次高点之后开始进入区间震荡，到 12 月
31 日累计下跌 3.95%，而家电继续上行，累计上涨 36%，超额收益达 40%。这
也符合汽车和家电行业作为房地产后周期的特点。因此家电在此次牛市中是相
对滞涨的（见图 5-19）。

图 5-19　此次牛市期间可选消费行业相对上证综指的累计超额收益

资料来源：Wind，兴业证券经济与金融研究院。

五、金融及 TMT：金融板块后期发力，电子计算机前中期表现较好

　　金融板块前期表现一般，到了本次牛市的后期才开始发力。2008 年金融危
机爆发后，国外金融机构流动性和盈利能力都受到了极大的冲击，加上后续国
外监管层普遍提高对银行净资本的要求，多个国外金融机构开始减持此前持有
的国内大行股份。这在 2008 年年底和 2009 年年初表现得尤为突出。受这一事
件压制，再加上国内降息和经济下行对银行基本面引起的担忧，银行板块在牛
市的前中期表现都比较一般。当国外金融机构逐渐走出危机并且国内经济开始

企稳时，银行才开始逐渐表现。此时已经到了牛市后期。由于银行板块整体质
地好于市场预期，因此银行得到了机构的青睐，公募基金的配比在牛市后期上升
很快。

　　而非银金融也是类似，此前由于市场成交量一直表现一般，直到牛市后期
时才开始放大，加上后期创业板开板预期提升，因此机构也是在牛市后期才提高
非银金融行业的配比的。但本次牛市来看金融板块表现比较一般（见图 5-20）。

图 5-20　此轮牛市期间金融板块相对上证综指的累计超额收益

资料来源：Wind，兴业证券经济与金融研究院。

　　计算机和电子更多的是游资炒作。与前面周期、房地产、金融板块不一样，
TMT 行业此时普遍市值偏小。在经历了 2008 年的大跌之后，估值都有较大调
整。牛市启动时 TMT 行业的 4 个子行业（计算机、传媒、通信、电子）的 PE
估值都创了 2000 年以来的新低。因此随着电子信息产业规划的出台，加上本
身市值小、估值低，电子和计算机行业很快得到了游资的青睐，开始连续炒作，

其间有一些标的如浪潮软件出现了连续涨停的现象。相比之下公募基金的配比则基本没有太大变化。这也使得在 2009 年 4 月这些行业的估值就较牛市启动时翻了 1 ～ 2 倍，导致牛市中后期表现开始乏力（见图 5-21）。

图 5-21　此次牛市期间 TMT 板块相对上证综指的累计超额收益

资料来源：Wind，兴业证券经济与金融研究院。

第六节　重点个股分析：
多数个股不依靠并购重组即有较大涨幅

本次牛市的 1488 只交易时间在 150 个交易日以上的个股中，只有 5 只个股没有取得正收益。个股绝对涨幅的分布区间如图 5-22 所示。绝对收益在 100% ～ 200% 之间的个股占 48.3%，绝对收益在 200% ～ 300% 之间的个股占 27.4%，也就是说绝对收益在 100% ～ 300% 之间的个股占比超过了 75%。从相对收益来看，相对收益在 50% ～ 100% 之间的个股占 25.1%，相对收益在 100% ～ 200% 之间的个股占 26.7%，也就是说相对收益在 50% ～ 200% 之间的个股超过了 50%。

　　这次牛市持续的时间较短，加上前期 IPO 暂停，因此成为涨幅居前的牛股并不非常需要并购重组的加持。在涨幅最大的前 56 只个股中（见表 5-4），只有 6 只是因为并购重组导致股价大幅上涨。从创新高的表现来看，剩下 50 只标的中有 33 只在这次牛市中创下了历史新高。

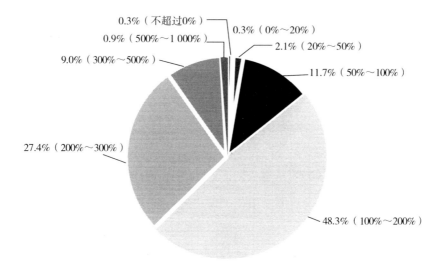

图 5-22　本次牛市个股绝对涨幅的分布

资料来源：Wind，兴业证券经济与金融研究院。

　　扣除掉因为并购重组而导致股价大涨的 6 只股票之后，涨幅最大的 50 只个股中有 11 只来自有色金属，6 只来自煤炭，5 只来自基础化工，电力设备、医药、房地产、机械各有 3 只，这种分布与行业表现接近。从平均涨幅来看，虽然行业平均涨幅最高的是商贸零售，但这是阳光城这只个股导致的，当时阳光城兼营对外贸易和房地产业务，因此阳光城的上涨更多应该归功于房地产。除去商贸零售之外，家电、汽车、房地产、电子元器件行业的个股涨幅较高，也符合此次政策刺激预期的结果（见图 5-23）。

表 5-4　此次牛市期间涨幅最大的前 56 只个股情况一览

证券代码	证券简称（2020-06-30）	证券简称（2009-08-04）	上市日期	区间涨跌幅 %（2008-11-04 ~ 2009-08-04）	中信一级行业（2008-11-04）	是否并购重组	PE（2008-11-04）	PE（2009-08-04）	股价（2008-11-4）（元）	股价（2009-08-04）（元）	在牛市创新高
000631.SZ	顺发恒业	顺发恒业	1996-11-22	2 845.26	通信	是	0.00	38.96	0.76	13.99	TRUE
600187.SH	国中水务	ST国中	1998-11-11	743.72	轻工制造	是		64.88	0.98	8.10	FALSE
600432.SH	退市吉恩	吉恩镍业	2003-09-05	644.85	有色金属	否	5.26	1 184.90	7.24	37.16	FALSE
002166.SZ	莱茵生物	莱茵生物	2007-09-13	618.15	医药	否	38.70	7 510.65	6.54	45.10	TRUE
600562.SH	国睿科技	高淳陶瓷	2003-01-28	616.57	电子元器件	否	44.20	-66.24	3.44	25.08	TRUE
600139.SH	西部资源	西部资源	1998-02-25	605.90	建筑	否	26.75	56.85	6.10	29.60	TRUE
002192.SZ	融捷股份	路翔股份	2007-12-05	583.53	建材	否	21.78	188.99	6.17	21.54	TRUE
000540.SZ	中天金融	中天城投	1994-02-02	573.70	房地产	否	12.35	43.33	3.75	17.42	TRUE
000671.SZ	阳光城	阳光城	1996-12-18	562.27	商贸零售	否	10.95	65.03	3.90	23.49	TRUE
000760.SZ	*ST 斯太	博盈投资	1997-06-27	535.70	汽车	否	8.38	-24.85	1.91	10.02	TRUE
600783.SH	鲁信创投	鲁信高新	1996-12-25	519.81	农林牧渔	否	498.29	-2 315.47	3.84	25.97	TRUE
600146.SH	商赢环球	大元股份	1999-07-07	517.28	基础化工	否	-43.04	-3 027.08	2.91	16.79	FALSE
002237.SZ	恒邦股份	恒邦股份	2008-05-20	515.98	有色金属	否	8.19	72.10	16.70	56.90	TRUE
002005.SZ	*ST 德豪	德豪润达	2004-06-25	512.89	家电	否	20.47	-82.59	2.21	13.79	TRUE
000961.SZ	中南建设	中南建设	2000-03-01	508.81	房地产	否	28.27	532.80	2.90	17.96	TRUE
600331.SH	宏达股份	宏达股份	2001-12-20	502.74	有色金属	否	-56.38	-35.42	3.89	24.23	FALSE
600546.SH	山煤国际	中油化建	2003-07-31	482.70	建筑	是	-599.17	2 417.91	5.25	28.96	TRUE
000570.SZ	苏常柴 A	苏常柴 A	1994-07-01	477.87	机械	否	-18.87	-87.41	2.35	13.58	FALSE
000628.SZ	高新发展	高新发展	1996-11-18	477.84	综合	否	-2.17	183.29	1.99	11.21	FALSE
000638.SZ	万方发展	万方地产	1996-11-26	477.78	钢铁	是		31.12	2.79	16.12	TRUE
002128.SZ	露天煤业	露天煤业	2007-04-18	476.02	煤炭	否	10.90	43.29	7.48	32.80	FALSE

代码	名称	日期	名称		行业						
600421.SH	*ST 仰帆	2004-06-07	*ST 国药	474.57	医药	是	-0.91	-7.05	1.72	9.94	FALSE
600576.SH	祥源文化	2003-02-20	万好万家	472.39	有色金属	否	13.73	1 053.03	2.91	17.00	TRUE
600489.SH	中金黄金	2003-08-14	中金黄金	461.28	有色金属	否	18.21	132.62	23.92	63.47	TRUE
600362.SH	江西铜业	2002-01-11	江西铜业	447.62	有色金属	否	5.59	122.08	8.47	47.64	FALSE
002089.SZ	*ST 新海	2006-11-30	新海宜	447.20	通信	否	16.99	53.05	3.33	12.84	TRUE
000655.SZ	金岭矿业	1996-11-28	金岭矿业	445.39	钢铁	否	5.42	51.16	7.10	24.65	FALSE
000971.SH	恒源煤电	2004-08-17	恒源煤电	444.23	煤炭	否	6.95	28.75	8.22	38.98	FALSE
600300.SH	维维股份	2000-06-30	维维股份	442.96	食品饮料	否	33.71	151.66	3.19	8.05	TRUE
601699.SH	潞安环能	2006-09-22	潞安环能	442.35	煤炭	否	5.52	19.48	9.82	54.35	TRUE
600252.SH	中恒集团	2000-11-30	中恒集团	442.30	医药	否	32.15	52.45	3.87	16.61	FALSE
600568.SH	中珠医疗	2001-05-18	ST 潜药	440.77	医药	否	15.37	48.06	3.34	18.17	TRUE
002168.SZ	惠程科技	2007-09-19	深圳惠程	440.12	电力设备	否	14.86	61.40	5.83	15.81	TRUE
600990.SH	四创电子	2004-05-10	四创电子	436.69	国防军工	否	20.55	99.16	6.72	36.62	TRUE
600275.SH	ST 昌鱼	2000-08-10	*ST 昌鱼	435.29	农林牧渔	否	-14.37	1 566.43	1.22	6.37	FALSE
000983.SZ	西山煤电	2000-07-26	西山煤电	435.11	煤炭	否	6.23	26.18	7.48	42.53	TRUE
600997.SH	开滦股份	2004-06-02	开滦股份	434.91	煤炭	否	4.17	57.61	9.65	27.14	TRUE
000615.SZ	京汉股份	1996-10-16	湖北金环	431.94	基础化工	否	-24.94	-17.93	2.49	13.99	TRUE
002042.SZ	华孚时尚	2005-04-27	华孚色纺	431.49	纺织服装	否	-3.95	37.41	3.12	16.37	TRUE
600348.SH	阳泉煤业	2003-08-21	阳泉煤业	429.99	煤炭	否	8.73	28.71	8.84	48.20	TRUE
002249.SZ	大洋电机	2008-06-19	大洋电机	428.23	机械	否	9.48	47.45	11.60	31.29	TRUE
002226.SZ	江南化工	2008-05-06	江南化工	425.44	基础化工	否	16.54	39.23	7.75	30.61	TRUE
600773.SH	西藏城投	1996-11-08	*ST 雅砻	424.40	医药	是	-7.87	-78.45	1.76	8.81	FALSE
002218.SZ	拓日新能	2008-02-28	拓日新能	422.86	电力设备	否	24.10	134.34	8.90	31.35	TRUE
002258.SZ	利尔化学	2008-07-08	利尔化学	422.58	基础化工	否	14.03	48.82	8.00	40.32	TRUE

（续）

证券代码	证券简称（2020-06-30）	上市日期	证券简称（2009-08-04）	区间涨跌幅 %（2008-11-04 ~ 2009-08-04）	中信一级行业（2008-11-04）	是否并购重组	PE（2008-11-04）	PE（2009-08-04）	股价（2008-11-4）（元）	股价（2009-08-04）（元）	在牛市创新高
000536.SZ	华映科技	1993-11-26	闽闽东	422.36	电子元器件	否	87.46	403.45	4.83	16.82	TRUE
000878.SZ	云南铜业	1998-06-02	云南铜业	421.71	有色金属	否	21.93	-14.38	6.89	37.25	FALSE
600892.SH	大晟文化	1996-03-15	*ST湖科	420.65	电力设备	否	-30.38	115.06	4.04	13.34	FALSE
600311.SH	荣华实业	2001-06-26	荣华实业	417.50	有色金属	否	145.16	-305.44	2.67	14.49	TRUE
600419.SH	天润乳业	2001-06-28	ST天宏	415.02	纺织服装	否	-4.73	47.21	2.44	13.03	FALSE
000656.SZ	金科股份	1996-11-28	ST东源	414.86	房地产	否	42.43	359.21	2.96	15.24	TRUE
002114.SZ	罗平锌电	2007-02-15	罗平锌电	414.55	有色金属	否	212.18	-70.50	3.10	16.98	FALSE
000786.SZ	北新建材	1997-06-06	北新建材	413.06	建材	否	8.87	60.84	3.19	16.69	TRUE
002172.SZ	澳洋健康	2007-09-21	澳洋科技	412.50	基础化工	否	-13.05	-16.25	2.64	13.94	FALSE
002075.SZ	沙钢股份	2006-10-25	*ST张铜	408.78	有色金属	否	-1.69	-6.15	1.55	7.53	FALSE
600536.SH	中国软件	2002-05-17	中国软件	408.16	计算机	否	13.41	151.55	5.36	28.04	TRUE

资料来源：Wind，兴业证券经济与金融研究院。

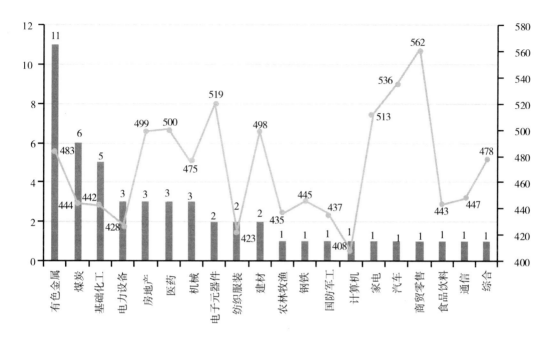

图 5-23 此次牛市期间涨幅最大的（扣除 6 只后）50 只个股行业分布

资料来源：Wind，兴业证券经济与金融研究院。

一、当年部分涨幅居前的个股情况

吉恩镍业（600432.SH）

公司是国内最大的镍盐生产基地，亚洲最大的硫酸镍生产商，主要从事电镀、化学镀等行业所用的镍、铜、钴盐以及有色金属、化工产品的生产。公司主营产品有硫酸镍、氯化镍、硫酸铜等，主导产品在国内市场占有率一直处于领先地位，其中该公司生产的硫酸镍在国内市场占有率第一。

在业绩方面，2008 年公司实现营业收入 18.22 亿元，同比减少 31.7%，归属于母公司的净利润 2.33 亿元，同比减少 72.4%。2009 年上半年实现主营收入 4.35 亿元，同比减少 69.4%，归属于母公司的净利润 1931 万元，同比减少

94.4%。全球金融危机导致钢铁行业需求下滑，镍价短期大幅度下降是公司业绩表现不佳的主因；但公司是镍行业的龙头企业，且在 2009 年实现 5 起海外资源收购，使得镍的权益储量增长了 125%。公司股价在此次牛市持续上涨，涨幅达到了 644.85%。

西部资源（600139.SH）

公司是集铜、金、银等多金属的探、采、选及新能源开发与利用的大型资源性企业，公司采用多金属布局，拥有丰富的资源储量。

在业绩方面，2009 年上半年实现营收 0.37 亿，同比增长 138.12%；实现净利润 2376.64 万，但其中包含了债务重组收益 1742.5 万，扣除非经常性损益后的净利润为 634.14 万。

公司在 6 月初实施公积金 10 股转增 4 股后，2009 年中期再次拟实施公积金 10 股转增 4 股，反映了强烈的股本扩张意愿。这使得公司股价在 2009 年 6 月到 8 月从 14.89 元上涨到了 30.39 元，涨幅达 104.1%。本次整个牛市期间公司股价涨幅达到 605.9%。

露天煤业（002128.SZ）

公司前身是霍林河矿务局，是全国 94 家国有重点局矿之一，是全国五大露天之一。公司主营业务为煤炭产品生产、加工及销售，是褐煤龙头。

在业绩方面，公司在 2008 年全年实现营收 38.83 亿，同比增加 48.71%；实现净利润 7.20 亿，同比增加 49.54%。2019 年上半年公司实现营收 20.80 亿，同比增加 27.67%；实现净利润 4.94 亿，同比增长 31.26%。

公司在 2008 年下半年提升煤炭销售均价大约 7 元 / 吨，从而推升了 2008 年的业绩。2009 年上半年，公司产品销量和售价齐升，经营持续向好。同时，2009 年收购集团二号露天矿资产使得产能增加，也为公司市场表现注入动力。

公司股价的走势基本和煤炭行业走势相吻合，在本次牛市第一、二阶段略有增长，而在 2019 年 3 月份后涨幅较大；整个牛市期间公司股价涨幅共计 476.02%。

路翔股份（002192.SZ）

公司当时的主营业务为改性沥青生产与销售。在业绩方面，公司在 2008 年全年实现营收 3.49 亿，同比增长 26.85%；实现净利润 0.15 亿，同比下跌 47.28%。2019 年上半年公司实现营收 1.41 亿，同比增长 85.51%；实现净利润 15.86 万，同比增长 106.95%。

2008 年对子公司重庆路翔增资后全资持有并收购北京路翔 26% 的股份；2009 年成立面向东北市场的辽宁路翔、面向华南市场的广州全资子公司，完成在全国七大片区成立 8 个子公司的战略布局。

公司于 2009 年 4 月 30 日向全体股东每 10 股转增 10 股。叠加国际原油价格下滑、公司布局市场范围扩大、国家刺激经济计划加快基础设施建设的步伐等有利因素，公司在牛市期间股价总体持续上行，涨幅达到 583.53%。

深圳惠程（002168.SZ）

公司是城乡配电网络高可靠性装备供应商和综合解决方案提供商，主要从事电缆分支箱类产品、高性能硅橡胶绝缘制品、高性能复合材料绝缘制品以及相关电力配网设备产品的研发、生产和销售，是所属行业龙头。

在业绩方面，公司在 2008 年全年实现营收 2.42 亿，同比增加 31.44%；实现净利润 0.46 亿，同比增加 20.58%。2019 年上半年公司实现营收 1.07 亿，同比增长 28.34%；实现净利润 0.21 亿，同比增长 35.85%。

得益于国家电网改造项目的需求增加，2008 年公司电力行业产品销售快速增长。2019 年上半年，公司产销规模继续扩大，主营产品市场需求旺盛。

公司于 2009 年 3 月 30 日向全体股东每 10 股派 3 转增 10。公司股价走势和电力设备行业基本吻合，在牛市前期强势攀升而后期增长乏力。本次牛市期间公司股价涨幅达到 440.12%。

二、如今的龙头股当年表现如何

2019 年，兴业证券策略研究团队结合各行业观点和推荐，联合精选发布了标的组合"核心资产 50"和"核心资产 100"，来衡量市场上的龙头股表现。我们选取"核心资产 50"组合中，在 2008 年已经上市的标的，来考察其在 2008～2009 年牛市中的表现。

上中游原材料

中国神华在本次行情中上涨 131.99%，相对行业指数收益 –104.71%，在行业中涨幅排名第 30。估值从启动前的 12.76 倍上升到结束时的 29.24 倍，增加了 129.15%，业绩增长贡献 102.16%。2008～2010 年，公司业绩增速分别为 24.58%、19.17%、22.34%。

宝钢股份在本次行情中上涨 130.04%，相对行业指数收益 –40.53%，在行业中涨幅排名第 35。估值从启动前的 5.16 倍上升到结束时的 76.36 倍，增加了 1379.84%，业绩增长贡献 9.42%。2008～2010 年，公司业绩增速分别为 –50.82%、–7.66%、119.20%。

海螺水泥在本次行情中上涨 205.11%，相对行业指数收益 7.00%，在行业中涨幅排名第 13。估值从启动前的 9.80 倍上升到结束时的 36.46 倍，增加了 272.04%，业绩增长贡献 75.43%。2008～2010 年，公司业绩增速分别为 –0.91%、36.66%、73.52%。

万华化学在本次行情中上涨 141.43%，相对行业指数收益 47.78%，在行业中涨幅排名第 76。估值从启动前的 8.97 倍上升到结束时的 29.84 倍，增加了 232.66%，业绩增长贡献 60.80%。2008～2010 年，公司业绩增速分别为 3.11%、–28.88%、34.46%。

华鲁恒升在本次行情中上涨 192.46%，相对行业指数收益 98.82%，在行业中涨幅排名第50。估值从启动前的7.42倍上升到结束时的28.59倍，增加了285.31%，业绩增长贡献67.46%。2008～2010年，公司业绩增速分别为15.79%、11.25%、−40.22%。

中游工业

三一重工在本次行情中上涨227.42%，相对行业指数收益75.45%，在行业中涨幅排名第18。估值从启动前的12.50倍上升到结束时的46.18倍，增加了269.44%，业绩增长贡献84.38%。2008～2010年，公司业绩增速分别为−22.64%、60.74%、103.94%。

中航机电在本次行情中上涨269.06%，相对行业指数收益100.76%，在行业中涨幅排名第8。估值从启动前的21.46倍上升到结束时的69.95倍，增加了225.96%，业绩增长贡献119.06%。2008～2010年，公司业绩增速分别为1.56%、34.11%、15.06%。

中航沈飞在本次行情中上涨148.16%，相对行业指数收益−20.13%，在行业中涨幅排名第26。估值从启动前的34.91倍下降到结束时的−154.23倍，减少了541.79%，业绩增长贡献−27.35%。2008～2010年，公司业绩增速分别为−178.03%、338.67%、22.67%。

上海机场在本次行情中上涨66.83%，相对行业指数收益−32.15%，在行业中涨幅排名第56。估值从启动前的19.03倍上升到结束时的52.73倍，增加了177.09%，业绩增长贡献37.74%。2008～2010年，公司业绩增速分别为−47.71%、−17.08%、87.97%。

韵达股份在本次行情中上涨118.98%，相对行业指数收益20.00%，在行业中涨幅排名第35。估值从启动前的11.35倍上升到结束时的45.49倍，增加了300.79%，业绩增长贡献39.54%。2008～2010年，公司业绩增速分别为−6.66%、−29.74%、2.20%。

下游消费

万科 A 在本次行情中上涨 125.89%，相对行业指数收益 –54.80%，在行业中涨幅排名第 109。估值从启动前的 11.62 倍上升到结束时的 32.55 倍，增加了 180.12%，业绩增长贡献 69.91%。2008 ～ 2010 年，公司业绩增速分别为 –12.74%、38.58%、37.47%。

保利地产在本次行情中上涨 153.77%，相对行业指数收益 –26.92%，在行业中涨幅排名第 97。估值从启动前的 14.46 倍上升到结束时的 41.70 倍，增加了 188.38%，业绩增长贡献 81.65%。2008 ～ 2010 年，公司业绩增速分别为 86.93%、31.67%、37.37%。

华域汽车在本次行情中上涨 257.58%，相对行业指数收益 50.04%，在行业中涨幅排名第 7。估值从启动前的 43.28 倍上升到结束时的 178.04 倍，增加了 311.37%，业绩增长贡献 82.72%。2008 ～ 2010 年，公司业绩增速分别为 –118.83%、121.53%、76.26%。

海尔智家在本次行情中上涨 94.57%，相对行业指数收益 –32.18%，在行业中涨幅排名第 17。估值从启动前的 11.92 倍上升到结束时的 28.97 倍，增加了 143.04%，业绩增长贡献 66.10%。2008 ～ 2010 年，公司业绩增速分别为 29.75%、40.45%、50.33%。

恒瑞医药在本次行情中上涨 41.43%，相对行业指数收益 –70.17%，在行业中涨幅排名第 103。估值从启动前的 37.33 倍上升到结束时的 41.08 倍，增加了 10.04%，业绩增长贡献 412.81%。2008 ～ 2010 年，公司业绩增速分别为 3.62%、59.16%、8.96%。

五粮液在本次行情中上涨 97.56%，相对行业指数收益 –1.38%，在行业中涨幅排名第 32。估值从启动前的 26.60 倍上升到结束时的 44.43 倍，增加了 67.03%，业绩增长贡献 145.49%。2008 ～ 2010 年，公司业绩增速分别为 24.23%、89.47%、31.60%。

贵州茅台在本次行情中上涨 69.41%，相对行业指数收益 –29.53%，在行业中涨幅排名第 38。估值从启动前的 19.33 倍上升到结束时的 35.11 倍，增加了 81.63%，业绩增长贡献 85.04%。2008～2010 年，公司业绩增速分别为 34.88%、13.80%、17.28%。

泸州老窖在本次行情中上涨 74.47%，相对行业指数收益 –24.46%，在行业中涨幅排名第 37。估值从启动前的 18.55 倍上升到结束时的 33.63 倍，增加了 81.29%，业绩增长贡献 91.66%。2008～2010 年，公司业绩增速分别为 64.16%、33.50%、34.84%。

伊利股份在本次行情中上涨 125.14%，相对行业指数收益 26.20%，在行业中涨幅排名第 27。估值从启动前的 –12.26 倍上升到结束时的 –7.95 倍，增加了 35.15%，业绩增长贡献 356.15%。2008～2010 年，公司业绩增速分别为 –37 958.30%、138.31%、19.62%。

海澜之家在本次行情中上涨 149.38%，相对行业指数收益 6.87%，在行业中涨幅排名第 6。估值从启动前的 11.70 倍上升到结束时的 40.67 倍，增加了 247.61%，业绩增长贡献 60.32%。2008～2010 年，公司业绩增速分别为 –39.47%、–17.98%、12.38%。

金融

中国平安在本次行情中上涨 156.58%，相对行业指数收益 22.96%，在行业中涨幅排名第 14。估值从启动前的 64.62 倍下降到结束时的 –174.27 倍，增加了 –369.68%，业绩增长贡献 –42.35%。2008～2010 年，公司业绩增速分别为 –94.40%、785.75%、23.86%。

招商银行在本次行情中上涨 111.69%，相对行业指数收益 –18.10%，在行业中涨幅排名第 8。估值从启动前的 7.03 倍上升到结束时的 19.20 倍，增加了 173.11%，业绩增长贡献 64.48%。2008～2010 年，公司业绩增速分别为 37.41%、–12.94%、41.32%。

TMT

航天信息在本次行情中上涨 39.84%，相对行业指数收益 −122.58%，在行业中涨幅排名第 40。估值从启动前的 23.35 倍上升到结束时的 30.26 倍，增加了 29.59%，业绩增长贡献 134.50%。2008 ～ 2010 年，公司业绩增速分别为 22.06%、11.23%、41.95%。

第六章

2013～2015年：
风格极致切换的 5000 点"杠杆牛"

第一节　总览：
从"结构牛"到"整体牛"，风格切换鲜明

2013～2015 年是 A 股市场继 1992 年牛市、1999～2001 年牛市、2005～2007 年牛市之后的又一次大牛市，反映出 A 股市场 7 年的大周期循环。这一次牛市始于创业板，发轫于沪深 300，杠杆资金将牛市推向高潮，最终由于"去杠杆"挤破了牛市的泡沫。

2007 年上证综指从 6000 点大牛市回落，到 2009 年一波反弹级牛市之后，进入长达 5 年的下跌周期。在 2013 年，伴随着中国经济转型，代表中国未来新兴成长方向的创业板率先复苏，走出结构性独立牛市行情，2012 年 12

月到 2014 年 2 月创业板指从 585 点上升到 1571 点，市盈率从 28 倍提升至 45 倍。宏观流动性政策放松刺激，沪深 300 指数接力上涨，从 2014 年 2 月的 2023 点大幅上涨到 2015 年年初的 3689 点，市盈率从 8 倍提升至 13.56 倍。渐渐充盈的虚拟经济和乏力的实体经济严重背离，驱动资金大量流入股市，将上证综指从 2015 年 2 月份的 3049 点快速推到 6 月份的 5178 点，估值从 13.4 倍提升至 23 倍。

因此 2013 年到 2015 年牛市包含前两个阶段的结构性牛市和最后一个阶段的整体牛市。这正好验证了邓普顿关于牛市四阶段的论断：在悲观主义弥漫的时候牛市初生，在怀疑主义弥漫的时候牛市初成，在乐观主义弥漫的时候牛市成熟，在人人陶醉的时候牛市结束。

第二节 宏观经济：
经济下行期政策从紧缩到扩张

中国宏观经济持续下行，但是每一年宏观经济重心存在明显差异。2013 年流动性紧缩环境下政策的重点在于发展新兴产业，2014 年房价和油价下跌加重了对经济的悲观预期，流动性趋于渐进放松，2015 年流动性大放水，"一带一路"合作倡议的提出助力经济反弹。

2001 年中国加入 WTO 参与全球经贸分工，经济狂飙猛进，工业化财富效应在 2005 ～ 2007 年驱动 6000 点大牛市。2008 年全球金融危机后，中国抛出"四万亿计划"，驱动上证综指在 2008 ～ 2009 年走出从 1664 点到 3478 点的反弹级牛市。资本边际贡献下降规律不可避免，投资驱动的高速增长结束后，经济同时被迫承受产能过剩和高通胀的恶果，"大水漫灌"的宏观经济政策被束之高阁，流动性紧缩的存量博弈之下，新兴产业的高成长性在 2013 年被市场重视起来，加之政府支持其快速发展，国际科技股牛市又正当其时，国内新兴产业投资高速增长，上市公司加快兼并的步伐，决心做大做强。2014 年房价进入下行周期，宏观经济下行压力"雪上加霜"，货币政策转变思路，从紧缩转向定向宽松，支持中小企业发展。到2014年中期，国际油价持续下跌，PPI落至底部的 -4%，货币政策不得已再次放松，进入全面宽松状态。2015年伴随着居民和金融机构的大类资产重新配置股市，"一带一路"倡议和供给侧改革等政策表明经济发展正从量的扩张转向质的飞跃。

　　从政策维度上来看，2012年中央出台"八项规定"，开始严格控制三公消费，行政审批删繁就简，提高行政效率。2013年1月16日《国家重大科技基础设施建设中长期规划（2012—2030年）》发布，确定了七大科学领域重点，19日发布了《关于深化科技体制改革加快国家创新体系建设的意见》，12月4G牌照发放，政策助力2013年成为移动互联网元年。2014年3月24日，国务院发布《关于进一步优化企业兼并重组市场环境的意见》，从行政审批、交易机制等方面进行梳理，发挥市场机制作用，全面推进并购重组市场化改革。2014年11月《上市公司重大资产重组管理办法》的修订提升了并购效率，2014年产业整合和并购成为主旋律。2015年随着流动性大放水，政策逐渐转向供给侧改革。2015年10月通过"十三五"规划，着力推进供给侧结构性改革；提出去产能、去库存、去杠杆、降成本、补短板五大任务。11月，中央财经领导小组第十一次会议，首次提出供给侧改革。2016年1月，中央强调供给侧结构性改革的根本目的，将供给侧改革措施落地实施。

第三节　风格特征：
从"成长牛"转为"价值牛"，再到整体牛市

　　A股历史上素有"快牛慢熊"的传统，市场风格对投资有至关重要的参考价值。对于牛市复盘来说，把握市场风格变化更加重要。比如说，如果我们在2013年投资了主板或者中小板，那么我们捕捉到翻倍大牛股的概率不会超过15%，但是如果投资创业板成长股，那么获取翻倍牛股的概率为33%。同样在

2014年，如果我们继续投资创业板，那么获取翻倍牛股的概率不超过6%，而投资主板价值股获取翻倍牛股的概率为11.8%。在这段风格切换较为极致的时间内，我们就创业板/沪深300市盈率变化趋势，将此次牛市划分为三个阶段来展开分析（见图6-1）。

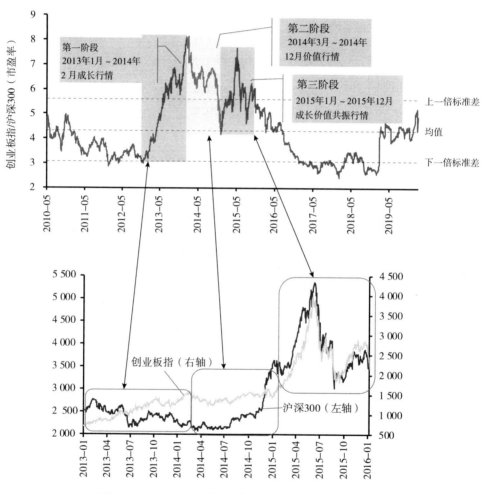

图6-1　2013～2015年牛市三个阶段的市场风格切换

资料来源：Wind，兴业证券经济与金融研究院。

2013年1月～2014年2月创业板走出独立牛市行情。整体市场来看，这一段时间内上证综指整体呈现震荡市，涨幅仅为8%，振幅高达30%。其间上证综指从2444.80高点震荡回落至1849.65低点，市盈率在10～13倍之间波动。从更长的时间维度来看，2007年10月份6124点大牛市到2008年10月底1664点底部，"四万亿"刺激大盘触底反弹，到2009年8月3478高点之后，随着物价水平持续攀升，房价出现了过快上涨的迹象，刺激政策逐渐退出并重新收紧，A股市场开始了长达5年的熊市周期，而2013年1月到2014年2月这一段时间则体现为熊市后期，也是下一次牛市的黎明阶段。2012年11月29日沪深300从2101点底部快速上涨至2013年2月8日的2791点，涨幅高达31%，其间上涨综指收涨24%，创业板指收涨31.43%，这引发了市场对牛市的热烈探讨。这一段时间市场从2012年震荡下跌后出现了反转迹象，但无法明确是偏向成长还是价值。这给我们的经验是在岁末年初，特别是在流动性较为充裕的条件下，难以对市场风格转向做出明确判断。

图6-2　熊市后期的创业板独立牛市行情

资料来源：Wind，兴业证券经济与金融研究院。

从 2013 年 2 月下旬开始，如图 6-2 所示，创业板指走出一波持续到 2014
年 2 月份 91% 涨幅的独立牛市行情，同期沪深 300 和上证综指高点回落，跌幅
分别近 20% 和 14%。从这一次市场行情的交易特征来看，万得全 A 和沪深 300
市盈率小幅下行，沪深 300 成交量在这一段时间前后时间点上没有明显差异，
而创业板指成交量翻倍，换手率从 3.19% 提高到 4.1%，相对整体市场来看，明
显更加活跃（见表 6-1）。

表 6-1   熊市后期创业板更加活跃

	万得全 A		沪深 300		创业板指	
	2013-01-04	2014-02-25	2013-01-04	2014-02-25	2013-01-04	2014-02-25
市盈率（TTM）	13.92	12.25	10.96	8.37	34.65	66.19
成交量（亿股）	229.25	293.30	97.99	93.24	10.14	25.25
换手率（%）	0.93	0.98	0.59	0.45	3.19	4.11

资料来源：Wind，兴业证券经济与金融研究院。

这一次创业板独立牛市是如何走出来的呢？我们分为两个维度展开分析：
第一，说明 A 股市场整体表现低迷的主要因素；第二，论证哪些因素助力创业
板在市场整体低迷的背景下走出牛市行情。

随着 2008 年全球经济危机之后中国四万亿投资对经济拉动效果逐渐减退，
2011 年两位数 GDP 增长结束，2012 年 GDP 增速"破 8"，2013 年全年维持
7% ~ 8%。2013 年新一届国家领导人在客观认识到中国经济从高速增长转向中
速增长的同时，开始规划新的经济增长动力来源，经济发展的重心从数量扩张
型转变为质量效益型。在这种环境下，在新政策尚未落地实施之时，旧的增长
动能不再受到类似 2012 年 5 月份从中央到地方政府推出的稳增长政策（降税清
费、重大基础设施项目投资、货币政策、扩大消费、房地产健康发展、创新驱
动、国企改革、京津冀协调发展等"八大招数"）支持，这就导致宏观经济以及
与宏观经济密切相关的行业受到较大的下行压力。这是导致 2013 年 A 股市场整
体表现低迷的基本面逻辑。

　　宏观环境的变化在流动性上体现得更为极致。标志性事件是 2013 年频发的"钱荒"事件，这也解释了为什么在 A 股主板上市公司净利润增速持续增长的同时，出现了较大程度的估值承压。2013 年 6 月金融业闹起了"钱荒"⊖，杨琦的《中国"钱荒"问题分析》研究显示，虽然 6 月份的"钱荒"年年有，但 2013 年尤其严重，最极端情况是如果当时一家银行向另一家银行借钱，1 天的利率按年折算最高达到 30%，相当于 1 年期贷款基准利率的 5 倍，这已超过央行规定的正常贷款利率的最高上限。

　　从市场机制国际对比上来看，中国银行间市场利率波动性明显大于同期欧美国家，这在很大程度上是由于欧美处于量化宽松阶段，而中国在"四万亿"之后面临着通胀的压力，于是开始实施紧缩的货币政策和对金融机构资产配置"去杠杆"。

　　2013 年"钱荒"事件不仅存在于金融体系内，也通过票据市场对实体经济产生了影响。货币市场资金紧张，短期利率高企导致票据市场买家大幅减少，6 月份国有银行和股份制银行的票据贴现为 8.15%，而城商行的票据贴现是 8.5%，多家银行特别是中小银行被迫关闭了其票据业务。

　　2013 年 6 月末的"钱荒"主要原因在于货币市场资金供不应求，而 12 月份的"钱荒"主要原因是非标准债权资产（非标资产）快速扩张，占用流动性。6 月份央行通过货币市场的高利率来"去杠杆"，但是隐性担保抬高无风险利率，因此非标资产成为高利率融资的主要渠道。在这个过程中债券市场和股票市场被动承受"钱荒"，从而导致股债"双杀"。

　　在经历了 2013 年以创业板为代表的成长风格独立牛市之后，2014 年创业板进入震荡调整，相反在前一年市场表现弱势的价值股登上舞台，走出一波带动大盘起舞的牛市行情。具体来说，排除年初春季躁动因素的扰动，从 2014 年

　　⊖ 2013 年有两次"钱荒"事件比较受到市场重视，6 月份"钱荒"成因主要是税款缴付到期、存贷比和准备金各项监管指标季末考核，加上大量理财产品集中到期等因素。12 月份"钱荒"主要是存款准备金净上缴压力，美联储退出 QE 政策，资金外流预期导致金融机构加大融资规模产生的"钱紧"。

3月份开始至年末，上证综指、中小板指和创业板指分别收涨 56%、8.14% 和 0.77%，其中沪深 300 指数大涨 61%。这表明以沪深 300 为代表的价值股是拉动 2014 年市场指数整体向上的主力部队。

考虑到 2014 年沪深 300 和创业板指市场表现悬殊，我们仍然延续前文基于市场风格的研究思路。如图 6-3 所示，从 2014 年 3 月开始，沪深 300 带领大盘走出一波牛市行情，同期创业板指和中小板指窄幅震荡。从这一次市场行情交易特征来看，万得全 A 和沪深 300 市盈率明显上行，创业板指成交量变化不大，而沪深 300 成交量在这一段时间增加三倍，换手率从 0.39% 提高到 1.61%，相对小盘股而言，变得更加活跃（见表 6-2）。

图 6-3　2014 年沪深 300 指数大涨 61%，引领市场牛市行情

注：同期中小板指涨幅为 8%，略强于创业板指不到 1% 的涨幅，但是明显弱于沪深 300 和上证综指分别为 61% 和 56% 的涨幅，在这一阶段不对中小板指展开分析。

资料来源：Wind，兴业证券经济与金融研究院。

中国经济呈现出的"三期叠加"特征在 2014 年得到了充分展现。GDP 和投资仍在下行，GDP有"破7"风险，且房价在2013年"国五条"后也进入了下行周期，房地产成交量大幅下滑，社融低迷（人民币贷款和委外信托均大幅回落）。既然2014年宏观经济仍然处于下行阶段，且2013年政府并未出台更多的稳增长措施，那么为什么2014年价值股会走出牛市行情呢？从DDM模型分析来看，股市驱动因素短期看风险偏好，中期看流动性，长期看基本面。既然2014年价值股的走牛缺乏基本面支持，应该分析一下2014年市场流动性是否存在显著的变化。总体来看，2014年流动性环境变化体现为从2013年"从紧"转向"定向宽松"，再转向"全面宽松"。

表6-2　2014年万得全A和沪深300更加活跃

	万得全A		沪深300		创业板指	
	2014-03-03	2014-12-31	2014-03-03	2014-12-31	2014-03-03	2014-12-31
市盈率（倍，TTM）	12.41	17.43	8.47	12.91	60.95	56.29
成交量（亿股）	234.40	564.33	82.07	345.93	13.23	14.41
换手率（%）	0.78	1.77	0.39	1.61	2.26	2.07

资料来源：Wind，兴业证券经济与金融研究院。

为什么2014年流动性环境会发生大幅度反转，从2013年"从紧"转向"定向宽松"再转向"全面宽松"？ 2014年上半年宏观经济面临的压力相比2013年有增无减，货币政策转向定向宽松。固定资产投资增速从20%下降到15.8%，外汇占款⊖快速减少，同时房价进入下跌周期，市场对宏观经济的悲观预期大大增强。政策开始将基建、棚改、高铁、军工、小微企业、农业等措施作为逆周期调节的工具，多省份取消了限购，货币政策也趋向宽松。央行在货币政策操作上摒弃了之前"大水漫灌"的刺激手段，结合美欧等国际货币政策操作思路，自2013年开始加快创新型货币政策工具的运用之后，2014年上半年，央行开始定向宽松操作，通过定向降准、PSL（抵押补充贷款）、MLF（中期借贷便利）等方式，向特定金融机构释放流动性，以刺激它们向小微企业、农业以及保障房

⊖　外汇占款是指本国中央银行收购外汇资产而相应投放的本国货币。

建设投放信贷，不让释放的流动性再流向地方政府融资平台、房地产这些不利于经济结构调整的行业。

2014 年 6 月由于美国页岩油产量迅速增长，OPEC 拒绝减产，而选择增产，试图将美国页岩油产业挤出市场，且美国对伊朗的经济制裁解除，加之原油需求增速放缓，导致全球供需宽松，国际油价从 110 美元 / 桶持续下跌至 2015 年 1 月的 46 美元 / 桶，再到 2016 年 1 月跌至不到 30 美元 / 桶，PPI（生产价格指数）同比从 2014 年 7 月的 –0.87% 下降至 2015 年 2 月的 –4.8%。在不断恶化的经济环境下，央行货币政策从定向宽松转向全面宽松。2014 年 11 月～ 2016 年 3 月，央行总共 4 次下调存款准备金率（累计 2.5 个百分点），6 次下调人民币存贷款基准利率（贷款和存款累计分别下调 1.65 和 1.5 个百分点），同时 4 次对符合标准的银行和金融机构进行额外的定向降准和下调基准利率。市场全面宽松局面确定，导致无风险利率降低，推动 2014 年股债走向双牛格局。

另外，信托产品需求的降低带来无风险利率进一步下调，助力股债双牛格局走强。自 2014 年年初以来，房地产市场出现调整导致信托类贷款的需求下降，加上信托产品违约频频发生，信托类贷款的增量出现缩减，信托产品收益率开始下降，意味着以信托产品为代表的无风险利率降低。从银行间拆借利率、货币基金收益率、理财产品预期收益率等能够看出，社会无风险收益率处于下降态势，这为 A 股市场引来了更多的"源头活水"，资金面宽松助燃 A 股行情。

从股市维度来看，宏观流动性逐渐宽松背景下产业资本和个人投资者入市，两融、场外配资加速入场，增量资金推动市场上涨。存款利率下调，房价下降，居民银证转账资金大幅增长，两融规模和新增基金份额大增，恒生 HOMS 等渠道的配资规模大增。2014 年 7 月，政府宣布沪港通将在 11 月开通，海外资金入市的预期增强，到 12 月初大盘顺利站上了 3000 点。

2015 年牛市特征就是资金大幅流入带来"杠杆牛"。2015 年伴随着宏观流动性全面宽松，信贷和公司债大幅增长，楼市刺激政策持续发力，但房地产投资仍大幅回落，进出口持续负增长，外汇占款大幅减少，PMI 从 2014 年 7 月下行，到 2016 年跌至最低点，通胀低迷。实体经济仍然"差劲"的表现在一定程度上导致资金在金融体系内空转，这是 2015 年"杠杆牛"诞生的宏观经济背景。

2015 年上半年沪指从 3200 点上涨到 5178 点的 7 年高位，这是中国证券市场有史以来最大的资金杠杆推动的股票牛市。自 2010 年 3 月我国启动融资融券业务以来证券市场发展迅速，供给不足导致场外配资风生水起。随着股市走强，融资融券业务发展尤其迅猛。融资融券余额从 2014 年年初不到 3500 亿元，年底突破 1 万亿元，2015 年 6 月达到历史峰值 2.27 万亿元。2015 年牛市期间 A 股日均成交额突破 1.5 万亿元，单日成交额最高时达到 2.2 万亿元以上，达到当时全球股市最高成交水平，超过美国市场一天的最大成交额，这表明市场已经达到了极度疯狂的状态。2015 年 6 月牛市顶点前后市场整体交易特征及板块特征见表 6-3 及表 6-4。

表 6-3　2015 年 6 月牛市顶点前后市场整体交易特征

	2015-01	2015-06	2015-08	2015-12	2016-01
上证综指（月均）	3 293.87	4 798.02	3 594.02	3 546.04	2 983.37
上证综指换手率（%）	1.28	2.80	1.91	1.42	1.20
A 股成交量（日均，亿股）	524.57	974.42	701.49	488.26	413.32
融资融券（亿元）	3 3938.80	48 383.52	22 350.65	18 752.50	8 911.07
新增投资者数量（万人）		440.37	126.79	151.46	135.07
新发基金份额（亿份）	364.53	2 490.71	245.21	226.32	209.72

资料来源：Wind，兴业证券经济与金融研究院。

表 6-4　2015 年 6 月牛市顶点前后市场板块特征

	万得全 A			沪深 300			创业板指		
	2015-02-06	2015-06-12	2015-08-26	2015-02-06	2015-06-12	2015-08-26	2015-02-06	2015-06-12	2015-08-26
市盈率（倍，TTM)	17.11	31.79	17.54	12.05	18.67	11.08	65.13	133.74	58.19
成交量（亿股）	394.30	1008.29	790.77	192.66	392.34	308.27	22.55	44.13	46.45
换手率（%）	1.23	2.92	2.24	0.89	1.74	1.31	3.11	4.20	4.37

资料来源：Wind，兴业证券经济与金融研究院。

市场牛市盛宴戛然而止，瞬而转熊。继中国核电IPO，网上网下冻结资金合计1.69万亿元之后，2015年6月15日当周新一轮25只新股集中发行，其中包括近五年来最大规模IPO的国泰君安证券，本轮新股发行冻结资金总量创2014年IPO重启以来新高，达到6.7万亿元人民币。在IPO加速扩大供给的同时，6月13日证监会发布消息，要求证券公司自查信息系统外部接入并清理场外配资。2015年6月15日～7月8日，股市开启了暴跌模式，短短17个交易日，上证综指大跌35%，创业板指大跌43%，两市一半的股票跌幅超过50%。高杠杆客户大多被强制平仓或被逼补仓，平仓盘反过来又加速了股市的下跌，股市直至8月底跌至2850点才见底。伴随着去杠杆接近尾声，融资融券自2016年1月跌破1万亿元以后，就一直徘徊在8000亿～9000亿元。

2015年下半年股市危机后股市进入高波动阶段，这体现在6月下旬到9月中旬期间出现的4次"千股涨停"和12次"千股跌停"，特别是6月26日、8月24日和8月25日出现的两市两千多只股票跌停现象，表明这一次牛市在去杠杆过程中经历了极大的市场调整压力。股市危机之后，大量政策利好以及救市"国家队"的铁血出手，为股市暴跌托底，宛如人为制止多米诺骨牌的倒塌，但是扶正一块又可能碰倒另一块，因而造成了股市的起起伏伏，"千股涨停""千股跌停"以及"千股停牌"频发。7月6日"国家队"的入市，真金白银流入助推9日、10日以及13日的千股涨停，上证综指、深证成指以及创业板上涨高达5.76%、4.78%以及5.80%。大量上市公司为避免股价进一步下跌，纷纷选择停牌避险，7月8日～13日短短六日中，四天出现"千股停牌"，其中7月9日停牌数量达到历史之最，高达1426家，占全部A股流通市值的30.26%。但如此密集的救市措施依旧没能遏制A股下跌势头，12次"千股跌停"，8月24日达到跌停高峰，创下一日跌停2187家的历史纪录，A股如开闸洪水般宣泄。

2015年上证综指从6月12日的5178点到8月26日的2850点，其间全部A股中有86只个股涨幅在10%以上，其中60%的个股是当年新股，由于重大资产重组、重大事项、重要事项未公告和非公开发行等原因停牌而免受熊市影响的个股占比为 21%。

2015 年 6 月份市场连续大跌后，一系列救市政策出台。股市危机下市场波动进一步加剧了各方对经济的担忧。7 月初，中央决定采取一系列救市政策：政策上的调整包括允许养老金入市，拨发救市资金入市，为基金公司和证券公司提供流动性，合理调整融资的平仓线和预警线等来为融资盘解决流动性，暂停 IPO，限制央企减持股份并鼓励公司高管和实际控制人增持，以及抑制过度投机并打击恶意做空；货币政策方面则采取了降息 0.25 个百分点以及定向降准等措施。中国人民银行不得不于 2015 年至 2016 年第一季度分别进行 5 次定向降准和 5 次普遍降准，另外，为了顺利推进利率市场化改革并结合扩大存款利率浮动区间而连续 5 次下调了存贷款基准利率。

救市政策在一两周后初显成效，7 月 9 日大盘开始触底反弹，但 8 月 17 日起，全球股市同时崩盘式下跌，同时，救市主力证金公司向中央汇金公司转让股票，透露出退出市场的计划，加之在上一波反弹后资金大量出逃，多方原因共同作用下股票遭遇了连续 7 个交易日的滑铁卢，沪深两市跌幅高达 27%。

第四节　牛市驱动力：
改革转型、移动互联新经济与杠杆资金

2013 年创业板独立走牛的驱动力是转型、政策和技术进步。

第一，基本面上，传统产业面临困境，新兴产业方兴未艾。传统产业面临转型困境，以餐饮行业表现最为突出。宏观经济发展放缓以及国家"三公政策"出台，导致高端餐饮行业遭遇寒冬。2013 年第一季度高端餐饮品牌湘鄂情遭遇亏损重创，亏损 6840 万元，而前一年同期盈利 4623 万元。同期全聚德归属于上市公司股东的净利润为 3746 万元，同比下降 11.3%。湘鄂情开始寻求转型，不得不转战大众消费，在深圳推出"社区饭堂"。此后湘鄂情创始人孟凯被迫转型尝试新媒体大数据，2014 年 8 月湘鄂情更名为"中科云网"，转型后

实现股价翻倍。

新兴产业赋能显现出成效，促成了青岛海尔和阿里巴巴的联姻。青岛海尔开始承受进一步发展面临的压力，2013年青岛海尔收入864.88亿元，同比增长8.30%，净利润41.68亿元，同比增长27.49%，其中冰箱、洗衣机业务的收入增长率百分数只有个位数，小家电、热水器业务的收入负增长，相比之下，空调、渠道综合服务业务成为青岛海尔收入增长主要来源。与之对应的是，2013年6月13日张瑞敏在沃顿商学院全球论坛上的一番裁员言论，称海尔集团年底前要裁掉1.6万名员工，2014年再提出裁撤1万名中层员工的计划。整体来看，传统产业转型迫在眉睫。同年12月，青岛海尔宣布与阿里巴巴联姻，阿里对海尔电器总投资28.22亿港元，联手打造家电及大件商品的物流配送、安装服务等整套体系及标准。其间青岛海尔股价持续上涨。

自2012年11月开始，互联网被广泛认可为下一个社会基础设施，"互联网＋"[⊖]被首次提及。2013年上海率先提出"四新"经济，加快了人工智能、3D打印、微信导航、物联网等新产业培育，推动"互联网＋"专项行动，加快平台经济、网络经济、数字经济的发展，发挥现有产业转型升级投资基金和创业基金的作用。2015年3月5日第十二届全国人民代表大会第三次会议召开，"互联网＋"行动正式开启，以信息经济为主流经济模式，鼓励新经济发展，推动移动互联网、云计算、大数据、物联网等与现代制造业集合，以及引导互联网企业拓展国际市场，这一行动催化了相关中小市值上市公司的上涨。

第二，政策面上，产业政策偏向支持发展新兴产业。2013年新一届国家领导人任职，宏观政策对科技创新空前重视。2月4日国务院办公厅发布《关于强化企业技术创新主体地位全面提升企业创新能力的意见》，6月份和7月份工信部发布了《通信业"十二五"发展规划》和《互联网行业"十二五"发展规划》，一系列支持创新发展的政策陆续出台。从更长一些时间来看，2013～2015年

⊖ "互联网＋"简单来说就是"互联网＋传统行业"，是在信息时代、知识社会的创新形态的推动下由互联网发展的新业态。

是国家大力推进科技创新发展的三年，其间不断出台支持集成电路、信息技术、云计算等行业的政策。

在股市相关政策上，最值得关注的是并购重组政策不断放松，股票市场为上市公司转型提供了并购重组的机会。在中国整体并购市场偏冷的同时，上市公司并购活动却呈现出井喷式的增长。截至2013年，中国上市公司参与的并购累计交易数目和交易金额分别达到1588次和10852亿元。其中，上市公司作为买方的金额占比达到92%，作为卖方的占比达到15%。⊖传统企业和互联网公司等产业链多方参与，各大互联网企业强强联合，促进移动互联网加速发展。上海钢联受益于移动互联网和电商概念，转型网上融资与物流产业；乐视网先后与土豆网、CNTV等达成战略合作，发布超级电视和网络视频行业首款云视频超清机，打造"平台＋内容＋终端＋应用"的全产业链。随着巨头战略投资或并购的完成，移动互联网行业壁垒逐渐形成，竞争格局趋于稳定。

第三，4G建设推动移动互联网取代传统互联网，成为新的增长点。移动互联网高速增长，2013年为移动互联网爆发元年，其市场规模为1059.8亿元，同比增长81.2%。2013年12月4日工信部正式向三大运营商发布4G牌照，中国移动、中国电信和中国联通均获得TD-LTE牌照。智能手机价格持续走低，4G网络部署带动了手机终端的升级换代，功能机用户加速换机，智能手机出货量为3.2亿元，同比增长64.1%，智能手机成为移动互联网发展的载体。

与此同时，4G网络的投资建设也带动了新兴产业链相关公司飞速发展。中国移动公布2013年资本开支达到1902亿元，同比增长49%，投资规模高于2009年3G建设高峰年，创历史性纪录。光模块作为4G建设的重要部分，为光迅科技带来6亿～8亿元的订单，其光模块业务的市场份额达60%以上，推动了营业利润快速攀升，2014年和2015年光迅科技营业利润增速分别为33.9%和97.2%，超过其同期收入增速。移动网民增速赶超PC网民，移动端成了主要的上网渠道，移动购物市场占比进一步扩大，2013年占整体市场份额38.9%，

⊖   并购交易双方均为上市公司的交易金额占比达到7%。

移动营销市场份额为 14.6%，成为移动互联网的第二大细分领域，是移动互联网蓬勃发展的重要原动力。

改革和开放的政策红利为价值股估值带来了提升。"新国九条"出台、并购重组等股市制度改革的加速发展与国企改革纵深化共同推动了市场整体风险偏好的提升。早在 2013 年，两融政策放开已为 2014 年政策利好奠定了大基调。2013 年证监会指出，为支持上市公司利用资本市场做优做强，服务实体经济，上市公司启动及实施增发新股、资产注入、发行可转债与股权激励计划不相互排斥。此后，A 股市场定增融资规模一度大幅上升。另外，2013 年两融放开，先后两次扩大标的股票规模，标的股票数量增至 700 只，同时降低了投资者的参与门槛，使得融资融券业务的投资主体覆盖范围大为拓宽，一些中小散户也加入了融资融券交易。2013 年两融放开助力 A 股市场逐渐升温，为 2014 年末的牛市行情拉开了序幕。

2014 年 5 月 9 日，国务院发布了《关于进一步促进资本市场健康发展的若干意见》（简称"新国九条"）。新国九条的发布表明决策层对资本市场改革发展顶层设计的高度重视，这也是资本市场从熊转牛的重要标志性事件。自此，股票发行注册制、沪港通试点、退市制度、并购重组、新三板等一系列改革措施引领资本市场生态格局推陈出新，一年后沪深股指双双翻番。

2014 年 2 月 19 日，国企混合所有制改革破冰。中石化宣布，公司将启动油气销售业务重组，引入民资实行混合所有制。2014 年 7 月 15 日，国资委宣布了首批四项改革试点企业名单，中国医药集团总公司、中国建筑材料集团公司等 6 家公司成为发展混合所有制经济的试点企业。2014 年 10 月，国企改革领导小组的成立，缓解了之前国资委统筹乏力的尴尬局面，国企改革速度加快。国企改革盘活国有资产，提高了上市国企的盈利能力，进一步为 A 股注入活力。

随着中国经济投资增速的系统性放缓，传统的"铁公基"[⊖]和相关产业链行业面临着产能严重过剩的困境，在资本市场这些行业的估值受到了明显压制。

⊖ "铁公基"是指铁路、公路、机场、水利等重大基础设施建设。

在国家战略转变过程中，具有全球比较优势的中国"铁公基"相关行业和公司，蕴含着盈利和估值双重修复的巨大投资机会。

国家领导人出国访问时屡屡向各国领导人介绍中国高铁的发展情况，高铁合作意义已经提升到国家战略层面。我国高铁技术过关、成本占优，为高铁技术持续输出提供可能。2014年12月30日，中国南车与中国北车双双发布重组公告，以减少海外恶性竞争，有利于高铁走出国门，助力"一带一路"合作倡议的推进。

2014年7月，金砖国家会议宣布成立金砖国家开发银行，初始资本为1000亿美元，总部设在中国上海。2014年11月，提出"一带一路"的新国家倡议，发起建立亚洲基础设施投资银行并设立400亿美元的丝路基金⊖。从金开行到亚投行，"一带一路"合作倡议使A股市场尽享开放红利。

沪港通于2014年11月开通，为全球资金直接投资A股提供了便利。在过去资本项目管制下，港股是海外投资者间接分享中国经济增长的主要途径。以沪港通为契机，海外投资者从全球配置的角度进行定价，公用事业、日常消费、金融、交运等行业的龙头逐渐迎来了估值修复的机会。

第五节 行业和个股表现：
创业板、价值股、炒新并购概念股轮番表现

创业板、传媒行业和高市场占有率造就了逆势牛股。从A股整体涨跌幅分布上来看，根据2013年1月～2014年2月的统计数据，有30.30%的个股收跌，57%的个股涨幅在100%以内，只有不到12.52%的个股涨幅翻倍。板块维度上，创业板市场表现占优，诞生了127只股价翻倍的牛股，明显超过主板和

⊖ 丝路基金是由中国外汇储备、中国投资有限责任公司、中国进出口银行、国家开发银行共同出资，依照《中华人民共和国公司法》，按照市场化、国际化、专业化原则设立的中长期开发投资基金，重点是在"一带一路"发展进程中寻找投资机会并提供相应的投融资服务。

中小板翻倍股数量（分别为87只和97只）。此外从板块股价翻倍股占比来看，创业板出现翻倍股的占比高达33.69%，超过主板和中小板占比（分别为6.24%和13.59%）（见图6-4及图6-5）。

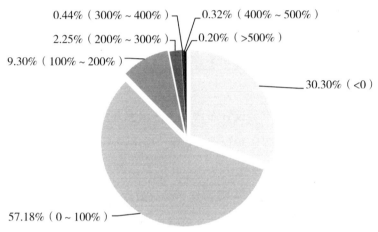

图 6-4　创业板独立牛市期间 A 股整体涨跌幅分布

注：由于四舍五入，百分比相加后不等于100%。
资料来源：Wind，兴业证券经济与金融研究院。

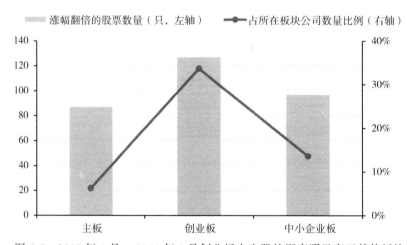

图 6-5　2013 年 1 月～ 2014 年 2 月创业板出牛股的概率明显高于其他板块

注：这一段时间内IPO暂停，个股统计数据不考虑IPO影响。
资料来源：Wind，兴业证券经济与金融研究院。

行业维度上，传媒行业涨幅翻倍，大涨124%，计算机涨93%，这样的表现与前文提到的移动互联网时代的发展趋势一致。此外，电子、电气设备和家用电器等八个制造业行业涨幅也在30%以上。代表传统经济的采掘、有色金属、钢铁、建筑装饰和房地产等行业跌幅在20%以上。行业维度上也充分反映了2013年新兴产业与传统产业的表现天差地别（见图6-6）。

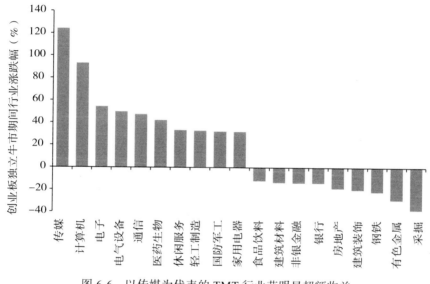

图6-6 以传媒为代表的TMT行业获明显超额收益

注：这一段时间内IPO暂停，个股统计数据不考虑IPO影响。
资料来源：Wind，兴业证券经济与金融研究院。

从个股维度来看，除了我们对这一段时间在宏观择时和行业配置上进行的分析之外，为了发现牛市存在的一些规律性因素，我们基于创业板中涨幅居前较有代表性的15只翻倍股为例，来进一步寻找共性特征（见表6-5），总结来看这体现在以下三个方面：

- 公司在该行业都是市场占有率极高的龙头，或是有市场认可的产品。
- 业绩高速增长预期或者有与并购相关的未来美好预期。
- 国家政策支持。

表 6-5 创业板独立牛市期间 15 只创业板牛股驱动逻辑分析

证券代码	证券简称	申万行业	涨幅（%）	走牛逻辑
300226.SZ	上海钢联	传媒	625.82	1. 最大的线上钢铁信息、交易平台，市场占有率极高 2.2013 年与国家统计局签署《大数据战略合作框架协议》 3. 谣传将被腾讯溢价 30% 收购以及将收购有色金属行业门户网站上海有色网
300017.SZ	网宿科技	通信	534.04	1. 有跨省经营增值电信业务经营许可证 2. 主营业务互联网内容分发、加速（CDN）市场占有率同行业第一，2014 年为首届世界互联网大会提供独家 CDN 支持 3. 自 2012 年以来，海外 CDN 节点持续增长
300315.SZ	掌趣科技	传媒	466.29	1.2013 年被"双软"认证，成为国家规划布局重点软件企业 2.2013 年并购动网先锋、玩蟹科技和上游信息，2014 年投资欢瑞世纪，增资北京筑巢新游网络技术有限公司，进一步提升 IOS 平台发行能力，达到"影游互动"的泛娱乐化战略
300052.SZ	中青宝	传媒	426.63	2013 年以前发行过数款网络游戏。2013 年通过媒体宣传炒作网游概念《伊甸》。凭借以前的口碑以及各方面的造势达到概念股炒作的目的并抬高了股价，实际中青宝并未投资研发该网游
300104.SZ	乐视网	传媒	400.20	1. 拥有国家高新技术企业资质，2013 年获"福布斯潜力企业 50 强"等众多奖项 2. A 股最早上市的视频公司，乐视网先后与土豆网、CNTV 等达成战略合作，发布超级电视和网络视频行业首款云视频超清机 3. 2013 年推出的乐视电视成绩斐然，7 月卖 2 万台收回现金超 1 亿 4. 2013 年收购花儿影视（曾拍摄《甄嬛传》）
300071.SZ	华谊嘉信	传媒	310.45	1. 大型整合营销传播集团，拥有长期稳定合作关系的中外客户（3M 中国、AMD、惠普、微软、苹果、红牛、多美滋、可口可乐、卡夫、三星、克莱斯勒等世界 500 强企业，联想、伊利、王老吉、中粮集团等国内知名企业），合作深度逐年加强 2.2013 年并购东汐、波释、美意互通 3 家广告公司，向世界级整合营销传播集团迈进

（续）

证券代码	证券简称	申万行业	涨幅（%）	走牛逻辑
300027.SZ	华谊兄弟	传媒	244.27	1. 产出过数部知名度极高的电影及电视剧 2. 2013年华谊兄弟合并手游领域内市场占有率仅次于腾讯的银汉科技，并结合自身优势娱乐资源助推其手游新作上市推广，手游业务成为新的增长点 3. 2013年启动开工实景娱乐，打造电影文化旅游业态（电影小镇、电影世界、文化城）
300205.SZ	天喻信息	通信	219.64	1. 华中软件公司（国家火炬计划重点企业）改制而成，中国软件业务收入前百企业，国内三家主要智能卡操作系统开发商之一。国家商用密码产品定点生产、销售单位，智能卡市场占有率极高 2. 2013年业绩大幅增长，销售收入同比增长117.27%，原因为银行卡迁移换"芯"工作步伐加紧，全国近150家商业银行发行了金融IC卡，全国金融IC卡发卡量进入高速增长期，行业高成长态势明显。据统计，2013年全国金融IC卡新增4.67亿张，占全国新增发卡总量的64%，产业链上下游普遍受益
300212.SZ	易华录	计算机	182.95	1. 2013～2014年度国家规划布局内重点软件企业，国务院国有资产监督管理委员会直接管理的中央企业中国华录集团有限公司旗下控股的上市公司，中国高清第一品牌，国家文化出口重点企业 2. 在数字音视频终端、内容、服务三大产业板块的市场占有率高 3. 不需要实际的硬科技，有政府订单
300012.SZ	华测检测	综合	147.88	1. 集检测、校准、检验、认证及技术服务为一体的综合性第三方机构。2013年因国家对食品安全及环保要求的提高，检测行业普遍业绩增长 2. 2012年年底华东检测基地投入使用，有效产能大幅提升 3. 2013年获得联合国CDM指定拥有碳交易指标审定/核查资格和欧盟港口国检查组织认可的船舶石棉检查机构，同时被我国列入从事国家统一推行的电子信息产品污染控制资源性认证实验室并通过收购英国CEM公司成为欧盟权威公告机构。这些新的资质带来更多的检验领域和收入
300251.SZ	光线传媒	传媒	146.86	1. 发行过多部知名影片，2013年发行了多部现象级影片：贺岁档《泰囧》《厨子戏子痞子》《致我们终将逝去的青春》《中国合伙人》 2. 2013年全面进军影视演员和歌手经纪业务，同时成立游戏部多面开展新业务

（续）

证券代码	证券简称	申万行业	涨幅（％）	走牛逻辑
300223.SZ	北京君正	电子	144.92	1. 全球领先的中国自主创新嵌入式CPU和低功耗技术，拳头产品XBurst各方面优秀，市场认可 2. 2013、2014年可穿戴设备概念大火，君正涉足智能可穿戴设备行业，研发出各类适用CPU。果壳电子采用君正CPU发布了全球第一款Android智能手表
300015.SZ	爱尔眼科	医药生物	137.72	1.2013～2014年之前投入的扩建或新建医院陆续完工并投入使用，新增了业务和收入 2. 2013年与中南大学签订合作协议书，设立中南大学爱尔眼科学院，达到医疗、教育、科研一体化
300183.SZ	东软载波	通信	117.45	1. 为国家智能电网建设提供用电信息采集系统，2013年收入较去年同期增长13.96%，市场份额大 2. 2013年研发投入第四代芯片，完成了云计算、智能家居网络应用平台和智能家居控制软件的开发，营销网络全面建成 3. 从2014年开始，技术运维团队对国网公司、南网公司及各省网公司的技术运维服务实现有偿服务方式，增加了额外的技术运维收入
300075.SZ	数字政通	计算机	117.33	1. 中国领先的智慧城市应用与信息服务提供商，在数字化城市综合管理领域市场占有率超过70%，2012年12月，公司获得甲级测绘资质，测绘业务范围拓展了地理信息系统工程及互联网地图服务 2. 与易华录一样，不需要实际的硬科技，有政府订单

资料来源：Wind，兴业证券经济与金融研究院。

　　非银金融、建筑、钢铁和房地产等价值股引领A股全面进入牛市。在不考虑2014年春节躁动因素影响的条件下，基于2014年3～12月的行业涨跌幅表明，市场流动性明显好于2013年，带动申万一级行业全部收涨，从结构上来看资本市场制度改革、并购重组、"一带一路"和沪港通开通等政策催化使得非银金融、建筑、钢铁和房地产等板块的价值股领涨。

　　2014年流动性环境改善推动市场逐渐走出2011年以来的熊市，但是在结构上2013年大涨的传媒、电子等TMT行业进入休整阶段。这一方面是由于创业板在前期大涨后高估值进入消化阶段，另一方面原因是低估值高性价比的价值股在流动性从定向宽松向全面宽松转变过程中，走出了一波估值修复的行情。在政策面上，价值股相关行业借助并购重组展开产业整合，这直接提高了房地产等价值股行业业绩向上的预期，"一带一路"概念兴起，国家领导人积极推介中国制造，建筑、钢铁等中国具有比较优势的行业有了更大的市场想象空间。

在行业维度上，最值得注意的是以券商为代表的非银金融大涨140%。2014年11月份券商股行情启动A股正式进入大牛市。在流动性驱动行情中，券商股业绩具备爆发基础，券商行业整体杠杆率在3倍左右，离理论上限仍有充足空间，中介业务的发展空间依然很大，而个股、期权、ABS、新三板、做市商及直投等创新业务都将持续带来增量收入。这些利好给市场极大想象空间，就在市场犹疑券商业态没有发生任何变化、连续大幅上涨没有切实依据的时候，大牛市起航！

券商、"一带一路"和并购重组打造了百余只先锋牛股。从价值股结构牛市期间的A股整体涨跌幅来看，仅有不到10%的个股实现了股价翻倍。有14.83%的个股收跌，75.25%的个股涨幅在100%以内。与2013年风格截然不同的是，2014年牛股主战场转向了以价值股为主的主板市场。2014年3～12月期间统计数据显示，主板诞生了168只股价翻倍的牛股，明显超过创业板和中小板翻倍股数量（分别为22只和33只）。从板块股价翻倍股占比来看，主板出现翻倍股的占比高达11.84%，超过创业板和中小板的翻倍股占比（分别为5.68%和4.56%）（见图6-7、图6-8）。牛市升温预期以及"一带一路"概念导致多只牛股分别在券商和基建板块扎堆。

除了上述领域集中凸显的价值股之外，2014年挖掘牛股还有一个比较重要的线索就是并购重组。2014年并购的火爆程度同样可以印证参与并购的上市公司股价表现。统计显示，在2014年A股上市公司涨幅最大的前20名中，除去8只新股之外，排在前12名的上市公司中，涉及并购概念的占50%；排在前50名的涉及并购概念的上市公司占比达到58%。

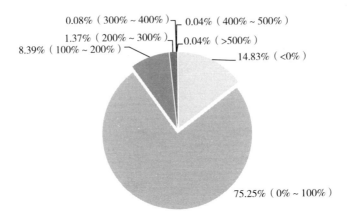

图 6-7   价值股结构牛市期间 A 股涨跌幅（区间）分布

注：统计分析剔除了当年新股发行因素的影响。数据的时间范围是 2014 年 3 ～ 12 月。
资料来源：Wind，兴业证券经济与金融研究院。

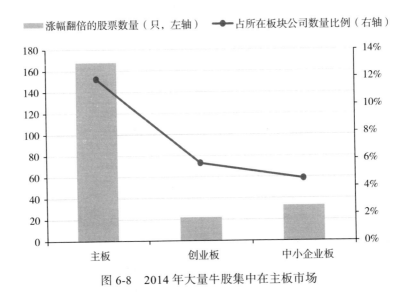

图 6-8   2014 年大量牛股集中在主板市场

注：统计分析剔除了当年新股发行因素的影响。数据的时间范围是 2014 年 3 ～ 12 月。
资料来源：Wind，兴业证券经济与金融研究院。

从个股案例来看，并购重组孕育了多只翻倍大牛股。申银万国换股合并宏源证券（证券业最大并购案），年内最高涨幅275%。朗玛信息6.5亿收购启生信息100%股权，年内最高涨幅276%。旋极信息重大资产重组，年内最高涨幅288%。北生药业重组借壳斐讯通信技术，转型智慧城市，年内最高涨幅291%。

牛市顶点前后成长和消费板块相对占优。计算机、传媒、餐饮旅游、通信、轻工纺织、农林牧渔和电子等行业在2015年牛市前后市场表现更优。相对而言成长风格的板块波动相对较大，而以餐饮旅游为代表的消费板块波动相对小（见图6-9）。

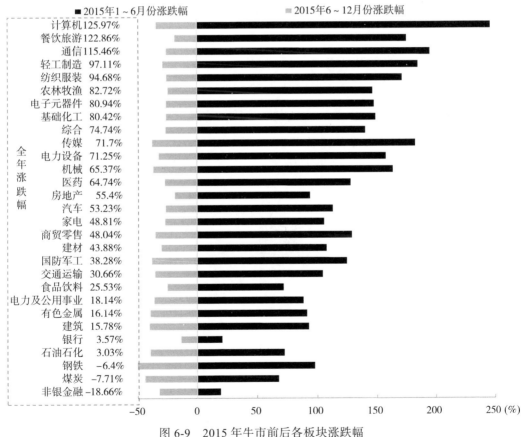

图6-9　2015年牛市前后各板块涨跌幅

资料来源：Wind，兴业证券经济与金融研究院。

　　计算机行业的大涨是得益于"炒新"热潮。行业内涨幅排名前 4 的创业慧康、信息发展、神思电子和真视通均是当年上市新股，涨幅在 5 倍以上。涨幅排名前 15 的个股有 11 只是当年上市新股。因此可以说"炒新"行情是驱动 2015 年计算机板块上涨的主要因素。旅游行业大涨受益于产业整合加速，寡头垄断格局初具雏形。2014 年开始旅游产业资本加速布局，行业呈现的一个特点是线上和线下加速相互渗透。以携程网、去哪儿网、途牛旅游网等为代表的 OTA 企业不断获得资本市场青睐，BAT、万达、锦江和海航等大集团亦纷纷布局旅游。进入 2015 年后，行业强强联合趋势愈加显著。携程网和去哪儿网，美团和大众点评，滴滴和快滴及酒店行业的整合均进入白热化阶段。

　　炒新和并购共同作用，孕育出超级牛股。2015 年上证综指从年初的 3200 点上升到 6 月 12 日的 5178 点高点，在"去杠杆"过程中，跌至 2850 点低点之后，到年末调整到 3566 点，全年振幅高达 73.52%，成交额 132.7 万亿元，远高于 2014 年 60.31% 的振幅和 37.5 万亿元的成交额，其间有 31.78% 的个股实现股价翻倍，这一数据明显超过 2013 年和 2014 年（见图 6-10）。

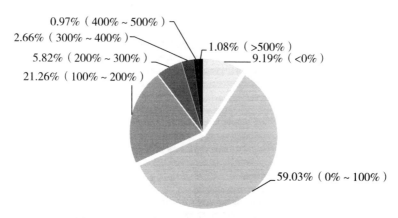

图 6-10　2015 年牛市前后 A 股涨跌幅区间分布

注：由于四舍五入，百分比相加后不等于 100%。
资料来源：Wind，兴业证券经济与金融研究院。

受到 2014 年新股发行制度改革影响，新股发行市盈率和发行价格普遍偏低，发行市盈率几乎全部在 23 倍以下，新股发行股本较小，容易被少量资金操控，也成为新股屡被爆炒的原因。次新股板块不断涌现大牛股已成为 2015 年的新常态，年涨幅超 3 倍的大牛股有 133 只，其中次新股有 86 只，约占 2/3。2015 年发行上市的股票有 205 只，其中有 184 只股价翻倍，占比近九成；涨幅超过 50% 的约有 200 只，占比超 95%。仅有 4 只次新股股价下跌（申万宏源跌42%、新城控股跌 26%、温氏股份跌 13.5%、国泰君安跌 9%）2015 年计算机行业涨幅前 15 名中就有 12 家新股，见表 6-6。

表 6-6　2015 年计算机行业涨幅前 15 名有 12 家新股

证券代码	证券简称	上市日期	2015 年涨跌幅（%）
300451.SZ	创业慧康	2015-05-14	767.76
300469.SZ	信息发展	2015-06-11	741.16
300479.SZ	神思电子	2015-06-12	583.68
002771.SZ	真视通	2015-06-29	550.27
300302.SZ	同有科技	2012-03-21	512.50
603918.SH	金桥信息	2015-05-28	454.61
300333.SZ	兆日科技	2012-06-28	448.05
300465.SZ	高伟达	2015-05-28	436.77
300297.SZ	蓝盾股份	2012-03-15	389.54
300455.SZ	康拓红外	2015-05-15	376.29
300419.SZ	浩丰科技	2015-01-22	360.73
002766.SZ	*ST 索菱	2015-06-11	357.10
300448.SZ	浩云科技	2015-04-24	344.11
300449.SZ	汉邦高科	2015-04-22	319.19
300496.SZ	中科创达	2015-12-10	317.82

资料来源：Wind，兴业证券经济与金融研究院。

除了次新股外，2015 年其他大牛股大多具备热门题材，尤其是并购重组概念。比如通过定增向互联网金融转型的奥马电器，股价上涨 445%。2015 年 A股市场的老股共计 2586 只，全年实现上涨的股票有 2364 只，下跌的有 219 只，停牌股票 3 只。也就是说，上涨的股票占 91.4%，下跌的股票占 8.5%。跌幅超过 20% 的股票仅有 53 只，约占比 2%；股价翻倍的股票有 706 只，约占 27.3%。

从个股的表现看，老股涨幅前十的股票分别是：协鑫集成、特力 A、正业科技、中江地产、龙生股份、光环新网、沙钢股份、长航凤凰、新日恒力、思创医惠。其全年涨幅均在 5 倍以上。涨幅超过 5 倍的老股还有七喜控股和同有科技。上述 12 只涨幅超 5 倍的老股多具备重组概念，如协鑫集成，该公司前身为 *ST 超日，通过购买资产于次年 8 月以协鑫集成身份重返资本市场，年内涨幅高达 884%。

第六节　杠杆资金在 5000 点牛市中是把"双刃剑"

2015 年上半年，在融资融券和场外配资推动下，A 股市场迎来历史上第一次由杠杆资金推动的大牛市，在不到半年时间里，上证综指从 3300 点上涨至 5178 点，其中创业板市盈率飙升至 130 倍以上的历史高点，在没有足够业绩支撑的情况下暴风集团大涨近 29 倍，股价飙升至 116 元的高点。在这一次牛市中杠杆资金的驱动作用更大，我们从场内融资融券和场外配资两个角度展开分析。

一、融资融券：标的扩容增强个人投资者短期交易意愿

自 2010 年融资融券标的逐渐扩容，特别是在 2013 ～ 2014 年扩容速度大大加快，2010 ～ 2019 年两融扩容政策汇总见表 6-7。2015 年上半年股市行情火爆，全国股民盈利率超过 10%，投资者借助杠杆放大盈利的意愿大大增强，由此在场内融资融券余额在 5 ～ 6 月份达到两万亿元的历史高点。

从融资融券的股票标的结构来看，在主板的分布更多，市值占比达到 87%，在中小板和创业板的分布偏低，市值占比分别为 60.4% 和 47.8%。行业来看，银行、建筑、采掘、有色金属等行业融资融券标的市值占比相对较高。

表 6-7　2010～2019 年融资融券扩容政策汇总

发文日期	发文部门	扩容政策
2010-02-12	深圳证券交易所	《关于融资融券业务试点初期标的证券名单与可充抵保证金证券范围的通知》
2010-02-22	上海证券交易所	融资融券试点初期标的证券与担保品公布
2011-11-25	深圳证券交易所	《关于扩大融资融券标的证券范围的通知》
2013-05-24	上海证券交易所	《关于交易所交易基金作为融资融券标的证券相关事项的通知》
2013-09-06	深圳证券交易所	《关于扩大融资融券标的证券范围的通知》
2014-09-12	上海证券交易所	《关于扩大融资融券标的股票范围相关事项的通知》
2014-09-12	深圳证券交易所	《关于扩大融资融券标的证券范围的通知》
2016-12-02	深圳证券交易所	《关于扩大融资融券标的股票范围的通知》
2016-12-02	上海证券交易所	《关于扩大融资融券标的股票范围相关事项的通知》
2017-03-17	上海证券交易所	《关于调整融资融券标的证券范围有关事项的通知》
2017-03-17	深圳证券交易所	《关于调整融资融券标的证券范围的通知》
2019-08-09	深圳证券交易所	《关于扩大融资融券标的股票范围的通知》

资料来源：Wind，兴业证券经济与金融研究院。

二、场外配资：从助涨到助跌

2015 年 1 月 16 日，12 家券商首次因存在向不符合条件的客户融资融券等问题被处罚。正是在这一次处罚公告中，场外配资首次在监管层下发的文件中出现。根据中国证券业协会 2015 年 6 月 30 日所给出的数据显示，A 股场外配资的规模大约有 5000 亿元，实际数字肯定不止于此。据估算，场外配资集中在 2015 年 3～5 月，增量资金约为 1.2 万亿元左右。广发证券、海通证券、华泰证券和方正证券 4 家证券公司龙头为网络公司提供系统接入。

在狂热股市的驱动下，银行、券商、社会资金通过各种渠道为投资人提供各种股票配资资金，上万家配资公司应运而生，不少 P2P 公司也涉足股票配资业务。2014 年，P2P 市场方兴未艾，再加上政府政策扶持、政府工作报告中指出要促进互联网金融健康发展，"互联网＋金融"一时风头无两。而通过 P2P 网络贷款、众筹融资等互联网金融工具，却为场外配资提供了方便。P2P 平台的股票配资业务仅在 2015 年年初两个月内就同比骤增了 30%～50%。据不完全统计，各类融资总额达到四五万亿元之巨，投资人从各种渠道获得年利率6%～30%不等的各类优先资金，以1:2至1:4甚至更高的杠杆比例投资于股市，多数配资公司打出了5～10倍的高杠杆来吸引客户。另外，P2P行业所处的灰色地带、监管的白色地带也给场外配资提供了一层隐身衣。

多家资管公司（个人）涉足股票配资业务，证监会依法作出行政处罚。根据相关研究显示湖北福诚澜海、南京致臻达、浙江丰范、臣乾金融、黄某某利用信托计划募集资金，通过第三方交易终端软件为客户提供账户开立、交易等证券服务，且收取一定比例费用，杭州米云通过运营米牛网，使用恒生HOMS系统招揽客户，非法从事证券业务。

根据媒体报道，场外配资活动主要通过恒生公司HOMS系统、铭创公司FPRC系统和同花顺公司资产管理系统接入证券公司为客户提供证券服务。场外配资公司以阿里巴巴旗下恒生电子的HOMS系统为核心，看上去功能仅仅是一个股票账户，可以让很多人一起操作，而实际上该系统越过了中国证监会的监管。信托公司用伞形信托的形式，将银行的资金审批并下发出来，通过HOMS系统拆分成最少一百万的规模，零售给融资人。而这种低成本又便捷的操作瞬间引爆了市场，为牛市盛宴后期多米诺骨牌式的平仓埋下了隐患。

杠杆在牛市中一直起着助涨助跌的作用，在牛市上行过程中，不断强化的财富效应会加大资金杠杆水平，同时成倍的新增资金将牛市推向高潮，但是在牛市转向熊市之后，杠杆带来的财富效应则转变成不断增大的亏损风险，资金争相出逃，继而加重股市下跌的幅度。

第七章

把握 A 股历史上第一次长牛

　　鉴古知今，通过详细复盘 A 股过去 30 年的五次大牛市行情，我们对牛市产生的宏观背景、驱动力、行情节奏、市场特征、风格转换与行业配置等重要因素进行了全面的梳理和把握，尽管每一次大牛市的表现形式各不相同，但在逻辑与内在机理上又有很多共同之处，参悟这些"共性"无疑对我们应对下一次牛市将有莫大的益处。那么，下一次牛市什么时候会来？"牛短熊长"格局又何时能够改变？

　　与 A 股不同，美股百年历史中的几次牛熊总体呈现"牛长熊短"的特征。以最近的一次 2009～2019 年的 10 年长牛为例，优质企业、龙头公司的持续价值增长是很重要的因素，以 FAANG（Facebook、Apple、Amzon、Netflix、Google）为代表的科技龙头充分攫取了移动互联时代科技创新大周期的红利，同时，股票回购、全球资金配置美国以及 ETF 指数基金的发展，很大程度上也是促成美股过去十年长牛的重要因素。基本面、科技创新周期、股市制度和政策与投资者结构变化的合力，共同推动了美国股市长牛。

如今，在中国股市 30 岁生日之际，我们对未来充满了希望，A 股很有可能已经步入了历史上第一次"长牛"。从基本面来看，中国经济进入高质量增长时代，庞大的市场空间与完整的产业链优势使得优秀龙头公司基本面进入长期稳定增长期。从股市政策与制度来看，新证券法已实施，科创板、创业板试点注册制、新三板精选层等一系列变革已然开启，FICC 等新产品、新工具给市场带来了无限潜力。从投资者结构来看，优秀的基金经理管理的首发基金"爆款"频出，ETF 等被动化投资方兴未艾，银行理财子公司、保险资金、养老金等"长钱"慢慢加仓权益市场，投资机构化、价值化已经成为不可逆的大趋势。从全球配置角度来看，全球"负利率"蔓延，美国重启 QE，全球面临新的"资产荒"，全球资产配置格局将会重构，与此同时，中国金融开放的大门越开越大，外资阔步进入中国资本市场，我们提出的"全球最好的资产在中国，中国最好的资产在股市"不再是空中楼阁。从科技创新来看，我们已经站在新一轮科技创新周期的起点，与 4G 和智能手机的发展拉开移动互联网时代的帷幕一样，5G 甚至 6G、芯片、人工智能、大数据与云计算、生物医药创新、新能源、无人驾驶等一系列科技创新正在蓬勃发展，这些科技基础设施的大踏步前进将会带来更多新的应用创新和场景，诞生更多的新公司和新龙头、新产品和新模式。从国家战略与产业发展转型的角度来看，科技创新类产业、先进制造业，以及现代服务业将是驱动我们经济再上新台阶的先导产业，而这些产业（尤其是科技创新类产业）特别需要资本市场的繁荣来配合，科技创新产业的发展也能给资本市场带来巨大的活力与机会，两者的"联袂演出"将会非常精彩。我们大胆预判，未来 10 年甚至更长的时间，都将是中国优质权益资产，也就是核心资产带来充分的超额收益的时代，让我们一起拥抱这个权益投资的好时代吧！

第一节　长牛拥有坚实的基本面作为基础

改革开放以来，尤其是步入 2000 年之后，中国的 GDP 实现了高速增长，GDP 全球占比不断攀升，经济实力不断增强的同时国际地位也获得了显著的提高。对标国际发达国家，我国经济无论是在体量上还是在增速上都不可小觑。从体量上看，自 2000 年以来我国 GDP 总量不断赶超发达国家，在 2010 年 GDP 总量赶超日本，成为国际第二大经济体。从 2008 年全球金融危机至今，我们的经济总量又增长 3 倍，从 30 万亿元增加至 100 万亿元。从增速上看，2000 ～ 2014 年，我国 GDP 始终保持在 10% 之上的增速，2014 年以后经济增速有所放缓，维持在 6% 以上的水平，在全球经济大国中依然处于最前列。目前我国 GDP 总量占全球 GDP 总量 16%，是当之无愧的经济大国。

尽管如此，我国的消费水平仍有望进一步提升，以推动相关企业长期受益。1992 年我国食品类消费在城镇居民消费支出中的占比超过了 50%，到 2016 年这一比例已经降至 30% 以下。衣着服装类的消费占比也从 14% 降至 8%。与此同时，服务类消费的占比则不断提升，其中医疗保健、交通和通信、文教娱乐的消费占比均有提升。如果根据细分项目对消费项目归类，2012 年我国服务类消费（其中商品和服务类消费均不包含"居住类"）占居民消费总支出的 40%，人均 GDP 和服务消费占比的情况和韩国在 1990 年前后的情况接近。相比发达国家和地区的发展路径以及占居民消费总支出 60% 的服务消费水平，我国服务消费未来仍有非常大的提升空间。

中国庞大的网民数量为科技创新等新兴产业发展提供了坚实的基础。截止到 2018 年年底，中国互联网用户超过 8 亿，比欧盟和美国的总人口数量还多（2018 年欧盟的总人口数量是 5.13 亿，美国总人口数量是 3.27 亿）。正因为有了如此庞大的中国自身互联网消费群体，让我们的互联网企业、科技创新型企业能够在企业创新、模式创新、技术创新中不断学习、进步、试错，直到最后成功。正因为有这样庞大的网民数量，我们才能够在形成商业模式创新的基础上，进一步推动相关技术的创新。庞大的市场，为企业创新试错提供了广阔的土壤，企业可以不断调整产品定位以寻求足够细分的蓝海赛道。

中国巨大的经济总量、海量的消费者和移动互联网用户是令全世界羡慕的生长土壤，它们能够使得中国上市公司拥有得天独厚的优势。无论是传统的消费、制造、金融地产业，还是新兴的科技创新行业，都拥有巨大的消费需求，尤其是其中优秀的上市公司龙头，即我们定义的"核心资产"。在行业集中度提升、市场竞争格局优化的趋势下，核心资产类公司的市场份额和盈利质量能够不断提升，比如消费品中的茅台、恒瑞医药、格力、美的，制造业中的三一重工、万华化学、恒立液压，金融地产中的万科、中国平安，科技创新中的立讯精密、中芯国际等，一批最优秀的龙头上市公司基本面长期稳定向好，正是股市长牛最坚实的基础。

第二节　制度改革为长牛创造了启动条件

过去五次牛市的起始与终结，均与资本市场制度的探索和尝试紧密相连。1991～1993年牛市始于涨跌幅限制的放开和"T+0"交易制度的推出，改革开放带来的制度红利成为市场上行的重要推动力；1999～2001年牛市能够走出调整期，源于基本面复苏，以及管理层引入券商、保险、社保基金等机构投资者，行情终结于证监会严惩财务造假、坐庄等违法违规行为和国有股减持；IPO制度亦是历次牛市转折的关键影响因素，在2005～2007年牛熊切换中尤为明显，"巨无霸"IPO吸血过度，成为市场下行的重要催化剂；2013～2015年牛市不同于以往四次牛市，是一场配资推动的"杠杆牛"，清查场外配资致使本次牛市终结；除了IPO制度、交易融资监管制度、机构建设制度外，T+1交易制度的确立、再融资和减持制度的收紧与放松、熔断制度的设立与废除等，都曾给资本市场带来冲击。

新的制度性改革为A股长牛创造了新的条件。股市的表现一直离不开资本市场制度的建设。在资本市场制度的探索和尝试过程中，我们既有成功的案例，也有不如人意的教训，总体来看，资本市场制度在逐步探索、改革的过程中，不断完善基础层面制度的建设。如今，股市新的制度性改革层出不穷，从科创板设立到创业板注册制改革再到新三板精选层，从鼓励分红到逐步放开回购的限制，从 QFII 额度完全放开到金融业外资持股比例限制全面取消，从健全退市制度到完善惩罚措施等一系列政策方针，制度越来越趋于市场化、合理化。尤其是要素市场化改革全面深化，资本要素市场化改革将在长期带来更多的变化和利好。现在决策层正在努力完善鼓励中长期资金开展价值投资的制度体系，可以预期，未来利好资本市场长远发展的好政策会越来越多，非常值得期待。从中长期来看，十分有利于资本市场中长期估值中枢的提升。

第三节　居民配置：
"资产荒"下权益市场是首选地

据中国社科院测算，2016 年居民部门总资产达 357.8 万亿元，其中房地产为 164 万亿元，存款为 55.5 万亿元，投资于股票和基金的资产仅仅为 52 万亿元。中国居民配置权益类资产的潜力仍然很大，优化居民财富配置结构空间巨大。建立长期机制稳定居民配置，将有利于稳定各类资产价格。

国内史无前例的金融供给侧改革，导致无风险利率下降，客观上造成新的"资产荒"，这将最终利好股票和债券等标准化资产。2012 年之后的几年间，金融创新慢慢增多，金融市场上出现了大量的类似"无风险"而高收益的产品，包括非标准化债权资产、信托、高净值理财、各种"劣后"产品以及 P2P 这类互联网金融产品等。这些产品常常打着"无风险、高收益"的名号，承诺带给普通个人投资者较高的回报，比如 15% 甚至更高，对比之下，投资高波动的股票市场风险很大，可能获得 15% 的收益，也有可能得到 15% 的亏损。在这种情况下，居民资产大量配置前者。但是现在金融监管逐步强化，资管新规打破刚性兑付、严控非标准化债权资产，银行同业理财规模增长停滞，信托、券商资管、货币基金规模缩水，P2P 更是频频爆雷。这些扭曲的金融产品逐渐被市场重新定价，尤其是金融供给侧改革大幕拉开，刚性兑付被渐渐打破，无风险的产品只能获得无风险利率，这是势在必行的趋势。2000～2019 年主要金融资产规模及资产配置主要方向概览见图 7-1。此外，过去房价上涨是全面（无论一、二线城市还是三、四、五线城市）、长期（1998 年起长达 20 年）、大幅的持续上涨，未来随着房地产历史需求峰值的过去，这种大趋势一去不返，叠加"房住不炒"成为新常态，核心城市核心地段的房价可能还有上升空间，但是作为吸引居民资产配置最大的一块"池子"，房地产整体吸纳居民财富的功能将大大下滑。未来，要想获得相对高的收益，只能在与之相匹配的相对风险更大的权益市场上进行配置，主要是股票资产上（很可能通过公募基金、ETF 等方式间接流入股市）。当下，正是居民资产长期配置权益市场的大拐点。

第四节　机构配置：
价值投资带来"长钱"

从过去的几次牛熊来看，机构投资者"压舱石"的作用在牛熊转换中并不明显。一是因为其在市场中占比仍然相对较小，截至 2018 年，机构投资者在 A 股市场中持股占比为 35.5%，个人投资者占 64.5%；二是公募等机构投资者在"考核短期化"、基金持有人买卖进出频繁的影响下，被迫跟随"追涨杀跌"，未能完全体现其专业性，2015 年机构投资者在市场中成交占比仅为 10.5%，远低于个人投资者的 86.9%（一般法人占 2.06%），公募基金包括保险资产管理机构，考核期大多以一年为主，公募更是每个季度、每个月都要比拼"排名"，导致基金管理人被迫跟随市场趋势交易；三是与海外保险养老金机构所持股票资产占比差距较大（例如 2019 年第一季度美国股票市场中，私人和政府养老金的持股市值占比为12%），国内"长钱"机构如养老金、企业年金、社保基金仍在发展之中。因为

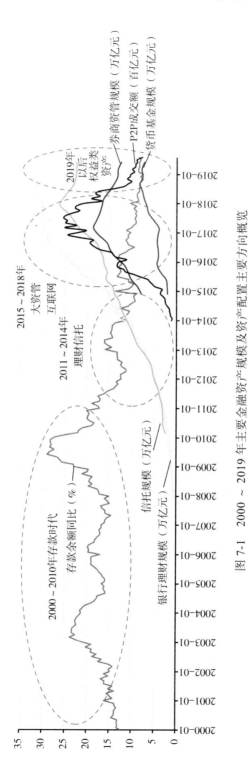

图 7-1　2000～2019 年主要金融资产规模及资产配置主要方向概览

资料来源：Wind，兴业证券经济与金融研究院整理。

居民投资的顺周期性，公募等机构产品发行规模与市场行情趋势大致相同，机构募资后再投资市场，成为市场在过热的情况下继续上行的原因之一。

秉承价值投资理念的机构投资者，其配置股票资产的主观意愿与客观环境相互强化，进一步推动了"长钱"入市。从海外经验来看，除了公募基金和私募基金之外，发展壮大保险、社保、养老金、企业年金等资产管理机构，推动"长钱"入市是权益市场"长牛"的另一重要基础。近年来A股机构化已经初见成效，具备长期投资价值的"核心资产"在机构配置下持续跑赢基准市场，成为未来A股市场生态的缩影。从主观上来看，在上述金融供给侧改革大潮之下，无论是非标类资产，还是各类高收益债都是如此，能够带来低风险高收益的各类金融产品"馅饼"都在大幅度萎缩。在无风险利率呈下降趋势的环境中，保险、养老金等机构也一样会面临"资产荒"的境地，在负债端偿付需求较为刚性的情况下，资产端需要配置能够产生相对高回报的股票类资产。从客观上来看，随着经济的周期性波动减弱、行业竞争格局优化，股票市场的波动率有望逐步下降，股票市场中一批批优秀的公司脱颖而出且稳定增长，投资收益的性价比越来越高，也更加吸引机构投资者。

目前保险资产配置在股票上的比重平均只有10%左右，远低于30%的配置比例上限。基本养老金委托社保管理的资产占比目前为15%左右，投资于股票、基金、期货和养老金产品等的资产规模占比也远低于30%的上限。社保基金入市规模不断提升，目前其交易类金融资产占A股自由流通市值的5%，已成为市场中不可忽视的力量，但仍具备提升空间。根据其他国家的经验，成熟养老金保值增值的需求加大将增配权益类资产（见图7-2），远高于我国现在的比例。此外，还有企业年金、职业年金、大学基金会、各类社会团体基金会，如美国的耶鲁大学基金会等，在海外都是非常重要的机构投资者，手握"长钱"，又立足价值投资和长期投资，是支撑股票市场长期向好的重要力量。未来，随着我国各类机构投资者蓬勃发展，规模空间巨大，而且随着其管理制度不断完善，考核体系更加丰富，考核周期拉长，投资理念日趋成熟，股票投资比例也会逐步提升，向国际成熟机构投资者靠拢，中长期资金加强价值投资，那么，股票市场尤其是其中优质的龙头企业，会迎来越来越多的"源头活水"，助推股票中的"核心资产"走出长牛行情。

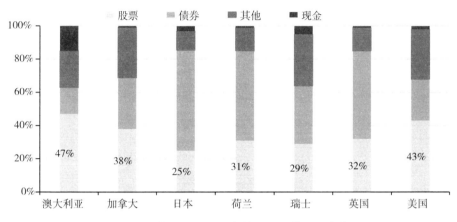

图 7-2　海外主要发达国家养老金所持股票资产配比

资料来源：Wind，兴业证券经济与金融研究院。

第五节　全球配置：
最好的资产在中国

海外经验表明，全球配置资金流入叠加金融对外开放带来的红利有助于推动股票市场长期牛市。回顾日本、韩国、中国台湾地区乃至印度、巴西等市场的金融开放历程，我们看到外资机构涌入各地资本市场，配置其核心资产，形成核心资产股票的长牛趋势。举例来看：①韩国 1992 年设立 QFII 制度，1992年 8 月～ 1994 年 11 月韩国综指上涨 112%，1998 年进一步取消外资持股比例限制，韩国股市被全部纳入 MSCI（明晟）新兴市场指数，1998 年 10 月～ 1999年 7 月韩国综指上涨 152%。②日本 20 世纪 70 年代中期到 80 年代中期实施资本市场自由化，1975 ～ 1982 年出现慢牛行情，其间日经 225 指数收涨 109%。

③印度股市经历了长达30年的"长牛"，指数涨幅高达10倍！外资流入大幅买入其股市中的核心资产。过去五次牛市，外资机构在A股市场话语权较小。2015年起，中国金融业对外开放逐步加速，外资大量流入A股，可以看到2017年后A股市场结构性收益明显，具备配置价值的核心资产在内外资机构共同配置下，形成类似其他国家或地区长牛的趋势，A股定价体系出现重大转变。

从全球资金配置角度来看，中国资产具备战略性投资价值，全球最好的资产在中国，这是毋庸置疑的。我们可以从以下几个方面来分析：其一，全球货币"大放水"，"西水东进"，中国资产受到青睐。全球主要经济体进入零利率或负利率时代，全球货币流动性泛滥，普遍面临"资产荒"。而中国无风险利率显著高于欧、美、日等，连国债都拥有近300个基点的利差，国家开发银行所发行的政策性金融债（简称国开债）利差更大，更不用提其他高收益资产了，相对海外资产，我国资产的性价比和配置价值凸显。从权益市场来看，海外股市自2008年金融危机之后普遍走出了牛市，美股更是频创新高，而中国股市大盘则长年徘徊在3000点附近，处在绝对低位。

其二，中国是最独特的新兴经济体，体量足够大，币值非常稳，最能够承载海外配置资金的转移。与美、欧、日相比，新兴经济体整体增长速度更快，因而其资产都会相对更有吸引力。而且中国相比其他新兴经济体又拥有更为明显的优势，一方面中国经济体量足够大，能够承载大体量资金的转移配置，新兴经济体如越南、印度等，虽然增长速度快，但是体量太小，越南资本市场的体量只有中国1/20左右，印度的经济体量也只有我们1/5左右，无法承载海外动辄数以千亿乃至万亿美元的资产配置。另一方面，新兴经济体的汇率波动很大，土耳其、阿根廷、委内瑞拉等在过去几年都出现过"闪崩"，而人民币汇率相对非常稳定，虽然市场上总有人担忧人民币贬值的问题，但实际上坐拥3万亿美元外汇储备的人民币相较其他新兴经济体而言可谓"极其稳定"。

其三，相对于中国经济在世界中的占比，中国资本市场在全球中的配置占比非常小，提升空间大。中国经济总量占世界经济比重约为16%～17%，然而中国股市中外资的持股市值仅有 1.6 万亿元人民币，相当于 2000 多亿美元，不到全球权益资产配置比例的 1%，具有巨大的提升潜力。

其四，中国股市与其他金融市场的相关系数低，因此我国是国别配置时的最优选项。A 股与美股的相关系数仅有不到 50%，远低于欧股（约 80%）、日股（约 70%）与美股的相关系数。对于一位全球范围内配置资产的基金经理而言，如果增加 A 股的配置比例，相当于在其资产组合中增加了一份和原来所有资产相关系数都非常低的资产，学过资产组合理论的读者都清楚，这意味着预期收益率不变的情况下，协方差更小，投资组合的夏普比率（投资时承担相同风险所获得的收益率）将会提升。

最后，中国股市波动性下降，未来 A 股夏普比率会逐步提升。宏观经济从生产周期型转向消费服务型，经济的波动率在下降。另外，政策波动性也在下降，经历供给侧改革后，龙头公司平缓行业周期波动性的能力是在显著增强的。从投资者结构来看，机构化特征使得股票波动率正在下降。以上四个因素共同导致 A 股的夏普比率提升，这是 A 股未来最大的吸引力所在。未来 A 股市场有可能经历这样的一个过程，可能每年的收益率不是很高——10% ～ 15% 左右，但有可能维持 10 年甚至更长时间，这远远好于我们过去"快牛""疯牛"那种情况，这正符合我们所谓的"A 股市场正在经历一个长牛"的判断。

从国内来看，金融业和金融市场对外开放的力度越开越大，制度性红利凸显，主动拥抱外资流入，为全球资金配置中国股市提供了历史性的契机。我国大规模对外开放始于 2001 年加入 WTO，首先以经常账户的开放为主，2015 年开始金融账户启动，从外汇到股票再到债券，金融开放正在加速。2014 年沪港通，2017 年深港通，2018 年债券通，A 股首次纳入 MSCI（明晟），2019 年 A 股纳入 MSCI（明晟）比例提升至 20%，放开 QFII 总额度，等等。第二轮开放的红利主要集中在金融市场，这也使得海外投资中国市场，从"投资无门"到"大门敞开"。以债券通为例，2018 年开通之后，将近 1/3 的新发利率债是海外投资者购买的，因而当年中国债市出现了非常明显的"牛市"格局。同样，

2017年深港通开启，当年以"深股通"标的（如美的、格力、五粮液、立讯精密等）为代表的白马龙头股，持续几年大幅跑赢市场获得超额收益，A股纳入MSCI（明晟）外资加速入场后，茅台、恒瑞医药、中国平安、海天味业等也获得了全球资金的青睐，中国股市中"核心资产"的表现十分亮眼。未来，随着全球资金持续流入，以及金融开放不断深入，我们的优质"核心资产"将有源源不断的资金流入，助推股市"长牛"。

第六节　新一轮科技创新周期让长牛更精彩

我们正处在新一轮科技创新周期的起点，新产品和新公司的诞生和壮大将给资本市场带来许多新的"核心资产"，推动市场表现更加精彩和持久。科技创新行业的龙头不断成长壮大，将会为资本市场创造更多的明日之星、更多的"核心资产"。美股市场的长牛，不仅仅是依靠传统行业核心资产的壮大，更是依靠像亚马逊、特斯拉这些科技创新龙头的不断推陈出新来引领的。在这一点上中国股市的未来非常值得期待，因为我们已经进入了创新驱动的时代。

人类历史进步的车轮滚滚向前，科技创新的步伐也在阔步向前。从以"纺织工业"为代表的产业革命发展期，到蒸汽钢铁时代，再到电气化和汽车工业时代，再到现在的信息时代，每一个大的时代都会孕育、诞生一批伟大的企业和伟大的企业家。对于股票市场而言，与时代共舞，会令一个人的投资生涯更加光彩夺目。

波特在其《国家竞争优势》一书中论述到每一个国家的发展将经历生产要素驱动、投资驱动、创新驱动和财富驱动四个发展阶段。从这一理论来看，中国已进入创新驱动时代。人类社会自第一次工业革命后，经济产业历史就不断向前推进。每个国家的产业相对优势、国家竞争力也在不断地演进，或有进步，或有倒退，而国家竞争力因为其每个阶段所处的主导因素和发展阶段不同。

现阶段类似石油资源丰富的沙特、咖啡豆、大豆高产的巴西等国家或地区仍然依靠生产要素驱动经济发展。20世纪50年代～70年代的韩国、新加坡，或者亚洲"四小龙""四小虎"时代，其主要的经济发展模式是投资驱动经济发展。如今的主要发达国家，如美国、德国和日本等，则是创新驱动经济发展的典范。英国在经历了三个阶段发展以后，创新活力相对于以前大幅度减少，进入了依靠财富驱动经济发展的阶段。

中国目前处在由投资驱动转向创新驱动的发展阶段。新中国成立以来，我们在1956～1981年（1978年），主要的经济驱动发展模式是生产要素驱动。从1981～2017年，我们国家的主要经济驱动力是以地产、基建为代表的投资驱动。面对新时代的转型需求，我国在2017年以后，将逐步以创新驱动经济发展来弥补不平衡、不充分发展的问题，逐步进入第三个经济发展阶段，即创新发展驱动（见图7-3）。

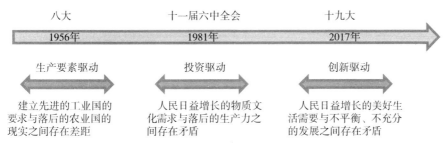

图7-3　中国经济发展驱动的三个阶段

资料来源：Wind，兴业证券经济与金融研究院。

中国目前处在由投资驱动转向创新驱动发展阶段。基于索洛经济增长理论认为，经济增长主要由劳动投入、资本投入和科技进步三个要素决定。我们认为2008年金融危机后政府推出的"四万亿"计划和人口红利的消失，使得原有依靠资本和劳动来推动经济发展的动力正在边际递减，而在当前这个时间点，可能更需要技术的创新和进步来推动经济的发展。

劳动投入：人才储备不断完善

从索洛模型中的劳动投入这一要素来看，中国逐步成为全球的人才高地。高素质人才是新技术研发必不可少的条件。而受益于国内经济成为全球第二大经济体和国内稳定的政治经济局面，海外高端人才逐步归国，同时，国内受高等教育人口比例快速增长，技术型人才不断涌入创新创业队伍，使得我国已经具备了创新发展所需要的人才基础。

资本投入：PE/VC 持续加大对创新行业的投入

从索洛模型中的资本投入这一要素来看，创新型企业越来越容易获得资本的青睐。新技术要想转换为先进生产力，需要资本的支持。2015 年 6 月以来，虽然在二级市场上创业板的表现一落千丈，但在以 PE/VC 为代表的一级市场领域上，资本对技术创新方向的关注度依然不减。随着鼓励创新的政策不断出台，PE/VC 的投资规模在快速上升。巨额的投资对创新型中小企业的推动力量十分巨大，未来有望涌现出一批成功创新的新企业。2020 年以来，PE/VC 投资金额居前的行业分别是信息技术、可选消费、医疗保健、金融和工业。由于一级市场往往对二级市场有先导性效应，伴随着近几年 PE/VC 的大规模投入，未来市场有望孵化出一批代表性的创新企业，为二级市场不断注入新的活力。

科技进步：5G 时代技术领先，基础设施具备先发优势

从索洛模型中的科技进步这一要素来看，物联网、车联网、5G 等正在开启全球新一轮技术创新阶段。而在这一技术创新阶段，我国将逐步走在世界的前列，为我们的经济新动力添砖加瓦。同时，从专利角度来看，中国专利数量正逐步接近日本，成为全球第二大创新产出国，大约是美国的 80%；从技术产业化角度来看，我们已经具备了在技术创新上开启新一轮增长的基本条件。

另外，5G 时代的领先技术推动基础设施建设更早更快落地。与过去 3G、4G 时代的建设不同，5G 时代，我国掌握了更多的自主知识产权，部分厂商如

华为等已可以进行标准的制定，从而使得在未来 5G 推进的过程中有望与国外同步甚至领先于国外。此外，近年来我国在计算机领域的云与大数据、半导体和新能源领域的设备制造等方面均有不错的表现，万物智能化、互联化所需的大规模信息基础设施建设投入可能比以往更快更早地到来，新"To B"产业链发展的机会在不断涌现。

对于而立之年的 A 股而言，过去 30 年时间，伴随着一轮投资周期、创新周期，一批批优质的公司诞生了，这些企业和公司，是在过去 30 年时间伴随着中国经济发展而成长的。在过去 30 年的不同阶段，他们也给投资者带来了非常丰厚的回报。站在新一轮科技创新周期中，我们从投资阶段转向创新阶段，劳动投入、资本投入、科技进步等各方面条件都逐步完善，围绕着这些龙头企业进行布局，必定能够在本次长牛的过程中，分享企业成长的红利，让长牛的机会和过程更加精彩纷呈。

后　记

　　通过五次大牛市带来的启示，在基本面保持良好势头，证券市场基本制度改革完善，居民财富配置向权益资产转移，机构配置增加权益比例，全球资金正在增加对 A 股市场的配置，以及我们正处在科技创新大周期起点的重要关口六方面因素共振的情况下，我们有理由期待 A 股步入长牛。

　　关于对 A 股市场未来长牛的判断，我们最早在 2019 年年初的春季策略报告中提出，之后就"A 股长牛"发布了一系列深度研究报告，未来还会进一步进行研究分析。下一阶段，我们将从宏观基本面、产业结构、制度变革、政策驱动、科技创新周期、投资者结构、全球配置等方面进行全方位的分析，同时会结合国际经验和中国股市的特点，对长牛时代股票市场运行特征、估值体系和评价角度以及投资策略可能发生的变化进行一一分析，研究成果也会和大家分享，敬请期待。

附录 A

1988 ～ 1996 年重要政策和事件

时　间	政策和事件
1988-08-15 ～ 1998-08-17	中共中央政治局会议讨论并原则通过了《关于价格、工资改革的初步方案》，并提出了"闯（价格改革）关"的口号，造成短期的"抢购潮"和通胀螺旋攀升
1990-04-18	允许上海设立证券交易所，为浦东开发开放自行审批发行人民币股票和 B 种股票
1990-06-18	深圳政府将涨跌幅限制从 10% 下调至 5%
1990-06-26	深圳政府将涨幅限制单边下调至 1%，涨幅和跌幅限制比例为 1：5
1990-06-28	深圳市政府首先对股票卖方开征单边 6‰的印花税
1990-11-19	深圳政府将涨幅限制进一步降至 0.5%，涨停和跌停限制比例达到了 1:10
1990-11-23	深圳市政府决定对股票买卖双方均开征 6‰的印花税，交易成本由此上升为 1.2%
1990-12-14	深圳政府将跌停限制从 5% 调整为 1%
1990-12-19	上交所正式开业，与 12 月 1 日试营业的深交所一起，建立第一个全国性、跨地区联网的证券交易系统（STAQ 系统），将涨跌幅限制从 3% 提升至 5%
1990-12-20 ～ 1990-12-26	上交所开市的前五个交易日上证综指涨幅分别为 4.39%、4.54%、4.97%、4.98%、4.17%，均接近涨停
1990-12-27	监管层将每日涨跌幅限制调整为 1%
1990-12-28 ～ 1991-01-04	上证综指再次连连涨停（0.93%、0.92%、0.96%、1.01%、1.00%）

（续）

时 间	政策和事件
1991-01-07 ~ 1991-01-11	上交所监管层将涨跌幅限制继续向下调整，为每日 0.5%，但上证综指每天仍然处于涨停状态
1991-01-14	深圳政府将涨跌幅限制统一为 0.5%
1991-01-17	海湾战争打响，市场情绪出现大幅回落，上证综指每日逼近跌幅下限，并持续阴跌近 4 个月
1991-04-22	深交所当天成交量为 0，创下历史纪录
1991-04-26	沪市趋于冷清，上交所将涨跌幅限制调回 1%
1991-07-10	深圳政府和深交所组织企业家群体讨论"救市"
1991-07-16	上交所开设电子账户并推行无纸化证券，上证综指重回"涨停"态势，市场情绪逐步升温
1991-08-16	深交所先于上交所放开涨跌幅限制，此前积聚的卖空情绪在当日释放出来，形成单日下跌近 20%
1991-09-07	深圳政府筹集 2 亿元资金秘密托底市场，持续买入深发展 A，这是 A 股历史上首次救市
1991-10	深圳市政府将买卖双方印花税率调整到 3‰
1991-10-10	上交所对股票买卖双方实行双向征收印花税，税率为 3‰，深证成指下跌 10%，短期暴涨就此告一段落，回归"慢牛"
1992-01-16	江泽民同志到访上海并前往上海证券交易所视察
1992-01-17	邓小平同志动身南行，视察武昌、深圳、珠海、上海等地并发表谈话，回答社会上束缚人们思想的许多重大认识问题，奠定了改革开放的基调
1992-02-18	上交所首批放开延中实业（600601）和飞乐股份（600654）两只股票的涨跌幅限制
1992-03	市场交易热度回归，深市开始新一轮扩容，掀起了国内第一次"打新"热潮
1992-05-21	放开上交所全部股票的涨跌幅限制，并且采取"T+0"交易制度
1992-06-12	国税局和国家体改委规定股票交易双方按 3‰的税率缴纳印花税
1992-08-07	深圳市下发《1992 年新股认购抽签发售公告》，将发行 5 亿份股票
1992-08-10	8 月初约 150 万人进入深圳，前往 303 个销售点，平均每个销售点 5 000 人，而销售处面积一般只有 2 000 平方米，由此爆发了"8·10"事件。沪深两市于此遭受重创，持续回调
1992-10-12 ~ 1992-10-18	中国共产党第十四次全国代表大会在北京召开
1992-10-12	证监会成立
1992-12-02	上交所首次对机构投资者开放国债期货交易，设计推出共计 12 个品种
1993-4	证监会发布的《股票发行与交易管理暂行条例》中第四章"兼并收购"对二级市场收购进行了详细的规范
1993-05-19	出台《关于立即制止不规范发行投资基金和信托受益债券做法的紧急通知》，成为当年遏制过度投资、投机的重要举措

（续）

时 间	政策和事件
1993-07-03	朱镕基副总理兼任中国人民银行行长，负责部署整顿经济、金融秩序
1993-07-05 ～ 1993-07-07	全国金融工作会议召开，主旨是"肯定成绩、检讨缺点、整顿秩序、推进改革、扭转当前资金紧张的局面"
1993-10-01	宝安在各大证券报刊宣布，对延中实业持股超过 5%，已达到 16%
1993-10-23	证监会宣布，宝安所获股权有效，但是持股超 5% 时未及时公告，罚款 100 万元，宣告国内证券市场第一个并购案例成功
1993-12-15	北京商品交易所创办国债期货交易
1993-12-25	国务院作出《关于金融体制改革的决定》，逐步形成了当前"政策性金融与商业性金融分离、以国有商业银行为主体、多种金融机构并存的金融组织体系"，中国人民银行自此作为独立执行货币政策的中央银行，展开宏观调控
1994-03-12	证监会主席刘鸿儒于上交所大会第四次会议上发言，首先提出"四大政策"，也被称为"四不政策"
1994-07-30	各大媒体头版头条刊登《中国证监会与国务院有关部门就稳定和发展股市做出决策》，后被投资者称为"三大利好"
1994-07-29 ～ 1994-09-13	上证综指涨幅高达 209.5%，"325 点铁底"就此形成
1995-02-23	投资者遭遇"327"事件
1995-02-25	证监会和财政部连续下发《国债期货交易管理暂行办法》《关于加强国债期货风险控制的紧急通知》
1995-05-11	出现"327"类似事件——"319"事件
1995-05-17	证监会宣布暂停国债期货交易
1995-05-18	大量国债期货市场资金回流 A 股市场，当天上证综指上涨 31%
1995-05-19	上证综指再次上涨 12.1%，随后市场逐步回归正常。1994 年以来的股市和债市之争自此告一段落
1996 下半年	先后发出 12 项监管措施，被称为"十二道金牌"
1996-12-16	沪深两市正式确定了 T+1 交易制度和 10% 的涨跌幅限制，延续至今
1996-12-16	《人民日报》发表头版社论《正确认识当前股票市场》，当日沪市 281 只股票 277 只跌停，4 只停牌

资料来源：Wind，兴业证券经济与金融研究院。

附录 B

1999～2001年重要政策和事件

时　间	政策和事件
1999-03-02	中国证监会第一次明确提出"可以考虑在沪深证券交易所内设立科技企业板块"
1999-04-13	朱镕基总理参观纳斯达克交易所
1999-05-08	北约导弹袭击中国驻南斯拉夫联盟大使馆
1999-05	朱镕基总理就股市发展提出了八点意见，包括要求基金入市、允许国有企业申购新股、降低印花税和允许商业银行为证券公司融资等
1999-05-16	国务院批准了证监会上报的六条主要建议：改革股票发行体制，保险资金入市，逐步解决证券公司合法融资渠道，允许部分具备条件的证券公司发行融资债券，扩大证券投资基金试点规模，允许部分 B 股，H 股公司进行回购股票的试点
1999-05-18	证监会召开会议，向八大券商传达朱总理的意见
1999-06-10	央行自 1996 年以来第七次降息，一年期存款基准利率由 3.78% 降至 2.25%
1999-06-15	《人民日报》头版头条发表了题为《坚定信心，规范发展》的特约评论员文章，认为"调整两年之久的中国股市开始出现了较大的上升行情，反映了宏观经济发展的实际状况和市场运行的内在要求，是正常的恢复性上升"
1999-06-22	中国证监会主席在"学习《人民日报》评论员文章座谈会"上讲话指出，要珍惜来之不易的大好局面，共同推动市场健康发展
1999-07-01	《证券法》正式实施，这将长期利好证券市场的健康发展，但短期引起了市场恐慌，同时由于法律对坐庄等行为明令禁止，违法资金纷纷出逃，造成大盘大幅下跌

（续）

时 间	政策和事件
1999-09-09	证监会颁布通知允许国有企业、国有资产控股企业、上市公司（简称"三类企业"）参与股票配售和二级市场上的股票交易
1999-10-26	《保险公司投资证券投资基金管理暂行办法》出台，允许获批准的保险公司将不超过上半年总资产的5%投资于证券投资基金
1999-10-27	有关减持国有股的相关政策公布，国有股减持将通过配售的方式来实现
1999-12-02	证监会发布公告：年内进行国有股配售的两家试点上市公司为中国嘉陵和黔轮胎，中国嘉陵和黔轮胎首尝国有股向二级市场投资者配售方案
2000-01-06	三大报同时发表证监会前主席周正庆的文章《为建设发展健康、秩序良好、运行安全的证券市场而努力》
2000-02-13	证监会发布通知，施行向二级市场投资者配售新股，次日上证综指大涨9%
2000-02-13	中国人民银行和中国证监会联合发布了《证券公司股票质押贷款管理办法》，允许符合条件的证券公司以自营持有的股票和证券投资基金券作质押，向商业银行申请贷款
2000-03-10	纳斯达克指数到达5 132的高点
2000-03	保监委批准四家保险公司将入市资金比例由5%提高到10%，险企开始大举投资基金
2000-08-01	博时基金公司与劳保部合作的研究项目"社会保障基金测算与投资运营管理"启动，社保基金理事会成立
2000-08-22	全国证券工作会议召开，证监会规范向法人投资者配售新股的行为，次日市场宽幅震荡，振幅高达4.81%
2000-10-08	《财经》杂志以"基金黑幕"为题，用大量篇幅揭示了基金在股票交易中出现的种种问题，文章引发市场高度关注
2000-10-12	证监会发布《开放式证券投资基金试点办法》
2000-10-31	新华社记者发表署名文章《郑州百文：假典型巨额亏空的背后》，揭露出郑百文财务造假黑幕
2000-11-24	证监会新闻发言人表态将打击操纵市场行为，证监会加大市场监管力度，增设9个监察局，处理一批违规案件，造成短期的市场调整，当日大盘下跌3.12%
2000-12-04	证监会主席周小川表示：证监会有决心妥善解决A、B股问题和国有股不流通问题。1994年被搁置的全流通问题再次提上议事日程，引起了市场的恐慌
2000-12-25	中科创业开始暴跌，连续10个跌停板，事后被证监会彻查
2000年	亿安科技、中科创业、银广夏、东方电子、蓝田股份等"黑天鹅"陆续爆发，证监会开始加强对财务造假和操纵股价的监管
2001-01-09	证监会主席周小川透露：开放式基金面世在即
2001-01-12	吴敬琏接受中央电视台《经济半小时》栏目的采访，对当时A股市场的各种不规范进行了严厉抨击，这番言论后被称为"股市赌场论"
2001-02-09	新华社发表评论文章中称：中国股市在新世纪要有更大的发展
2001-03-15	受时任国务院总理朱镕基"钦点"，史美伦任证监会副主席，9个月内出台50多项法律文件，并公布亿安科技、中科创业、东方电子、银广夏等案件的调查结果

（续）

时　间	政策和事件
2001-06-12	国务院正式发布《减持国有股筹集社会保障基金管理暂行办法》
2001-06-13	证监会宣布国有股减持"暂行办法"出台，6月13日沪指收于2 242点，14日沪指创出2 245的高点后开始下跌
2001-10	美国"安然事件"和"安达信财务造假"爆出
2001-10-22	证监会紧急暂停《减持国有股筹集社会保障基金管理暂行办法》的有关规定，宣布暂停在新股首发和增发中执行国有股减持政策

资料来源：Wind，兴业证券经济与金融研究院。

附录 C

2005 ～ 2008 年重要政策和事件

时　间	政策和事件
2005-01-01	取消农业税，中国农民告别有 2 600 年历史的"皇粮国税"
2005-04-30	证监会发布《关于上市公司股权分置改革试点有关问题的通知》，宣布启动股权分置改革试点工作
2005-05-08	三一重工、紫江企业、清华同方、金牛能源 4 家上市公司已被确定为首批股权分置改革试点企业，这意味着股权分置试点工作将于 9 日进入实质操作阶段。按照规定，这 4 家企业的股票将在 5 月 9 日股市开盘时做停牌处理
2005-06-06	上证综指跌破千点整数关口
2005-06-06	证监会公布了《上市公司回购社会公众股份管理办法（试行）》（征求意见稿）向社会征求修改意见，并在 10 天后正式发布该办法，从即日起允许上市公司回购股票，同时一并公布了《关于上市公司控股股东在股权分置改革后增持社会公众股份有关问题的通知》，明确上市公司控股股东在股东大会通过股改方案后，可通过二级市场增持流通股
2005-06-09	中国银行上海证券交易所成功挂牌上市，是我国首家在 A 股市场挂牌上市的大型国有商业银行，创造了中国资本市场有史以来最大的首次公开发行新纪录，同时也成为目前沪深两市中权重最大的上市公司、国内首家 H 股和 A 股全流通发行上市的公司、股权分置改革以来第一家大型公司上市项目

（续）

时　间	政策和事件
2005-06-10	股权改革 4 家试点中的清华同方和三一重工首先进行投票表决，最终三一重工通过，清华同方被否决，原因是流通股通过率 61.97% 未达到参加表决流通股的 2/3
2005-07-21	中国开始实行以市场供求为基础、参考一篮子货币进行调节、有管理的浮动汇率制度
2005-08-23	宝钢权证正式上市，也是 9 年以来权证产品的首次亮相
2005-08-24	中国证监会、国资委、财政部、中国人民银行、商务部联合发布《关于上市公司股权分置改革的指导意见》
2005-09-04	中国证监会发布《上市公司股权分置改革管理办法》，我国的股权分置改革进入全面铺开阶段
2005-09-12	全面股改首批 40 家上市公司名单公布，宣布股改正式进入全面铺开阶段。随后保持了每周推出一批的速度
2005-08-30	纽约原油价格冲上每桶 70.85 美元的历史新高
2005-09-03	北京举行仪式，纪念抗日战争胜利 60 周年
2005-10-12	我国自主研制的"神舟"六号载人航天飞行获得圆满成功
2005-10-15	世界海拔最高的青藏铁路全线贯通
2005-10-27	《证券法》修法通过
2005-10-27	十届全国人大常委会第十八次会议高票表决通过关于修改个人所得税法的决定，个税起征点为 1 600 元
2005-11-21	黔源电力股改方案通过，中小板 50 家公司股权分置改革全部完成，沪深首个全流通板块诞生
2005-11-26	胡锦涛主席提出，要弘扬载人航天精神
2005-12-01	深交所正式推出中小板指数
2006-03-14	"十一五"规划审议通过
2006-05-17	《首次公开发行股票并上市管理办法》正式实施。至此，在中国证券市场发行的股票不再有"非流通股"的标签。中国股市迎来了全流通时代
2006-05	原本计划发行一个月的广发策略优选基金，以每天近 30 亿元的速度，只用了短短 5 天，就最终以 184 亿元的规模结束发行，创下了中国基金史上空前的奇迹
2006-05	有色金属主要品种价格创年内新高
2006-05-29	"国六条"出台
2006-07-06	中印边贸重启，恢复两国中断 40 多年的边境贸易
2006-07-27	国务院正式批复了《天津市城市总体规划（2005 ～ 2020 年）》，滨海新区规划工作启动
2006-09-05	《国务院关于加强土地调控有关问题的通知》，即"新国八条"出台
2006-10	上证综指突破 1 800 点阻力位
2006-10-27	中国工商银行在港、沪两地同步挂牌上市，募集资金 220 亿美元，创全球之最

（续）

时　间	政策和事件
2006-10 ～ 2007-12	海通证券、东北证券、国元证券、长江证券等先后借壳上市
2006-11-20	上证指数在 6 年后重返 2 000 点，年初至 11 月上涨 800 点
2006-11	国家外汇储备突破 1 万亿美元大关，成为全球外汇储备最多的国家，超过了全球外汇储备总额的 1/5
2006-12-07	嘉实策略增长基金首发规模达到 41 916 951 504.01 份，有效认购户数为 925 140 户。中国基金市场上首发规模最大的一只基金
2006-12-14	上证综指一举达到 2 250 点，超越了上证综指 16 年以来的历史高位 2 245 点
2006-12-28	在 2006 年最后一个交易日，上证综指又被推上 2 675 点
2006-12	截至 2006 年年底，沪深两市已完成或者进入改革程序的上市公司共 1 301 家，占应改革上市公司的 97%，对应市值占比 98%，未进入改革程序的上市公司仅 40 家。股权分置改革任务基本完成
2007-01-01	新会计准则开始在上市公司施行
2007-01	谢国忠、吴敬琏、罗杰斯、成思危、左小蕾纷纷对 A 股发表看空的"泡沫论"。在成思危讲话后的 1 月 30 日，股指再度下跌，上证综指下降 100 余点，而深证成指则暴跌 600 余点
2007-02-27	上证综指下跌 8.84%，深证成指下跌 9.29%，创下 1997 年以来最大单日跌幅
2007-04-02	美国第二大次级房贷公司新世纪金融公司因其经营的次级债坏账问题严重导致公司市值迅速蒸发而被迫申请破产保护，揭开了 2007 年美国次级房屋信贷风暴的序幕
2007-04-14	我国成功发射第一颗"北斗二号"导航卫星，正式开始独立自主建设我国第二代卫星导航系统
2007-05-30	印花税上调
2007-06	截至 2007 年 6 月末，基金资产管理规模已达到 1.8 万亿元
2007-09-25	中国建设银行正式在上海证券交易所挂牌
2007-10-15	中国共产党第十七次全国代表大会
2007-10-16	上证综指冲破 6 000 点，最高达到 6 124 点，是 A 股有史以来最高点位
2007-10-24	"嫦娥一号"成功发射，探月工程取得重大成就
2007-11-05	中国石油上市，募集 668 亿元资金
2008-10-07	中共中央政治局常委会会议专题听取有关国际金融危机情况和应采取应对措施的汇报
2008-11-05	国务院召开常务会议，研究部署进一步扩大内需促进经济平稳较快增长的措施

资料来源：公开资料，兴业证券经济与金融研究院。

2008～2009 年重要政策和事件

时　间	政策和事件
2008-02-19	一行三会联合发布《金融业发展和改革"十一五"规划》，提出将大力发展债券市场特别是企业（公司）债券市场
2008-03-05	温家宝总理在政府工作报告中指出 2008 年要实行稳健的财政政策和从紧的货币政策。2008 年经济工作要把防止经济增长由偏快转为过热、防止价格由结构性上涨演变为明显通货膨胀，作为宏观调控的首要任务
2008-03-19	一行三会联合出台《关于金融支持服务业加快发展的若干意见》
2008-04-24	调整证券（股票）交易印花税税率，从 3‰降为 1‰
2008-05-13	汶川大地震第二天，证监会对四川地区股票实施停牌处理
2008-07-25	中央政治局召开会议，研究当时的经济形势和经济工作，将"两防"调整为"一保一控"，即把保持经济平稳较快发展、控制物价过快上涨作为宏观调控的首要任务，把抑制通货膨胀放在突出位置
2008-08-25	证监会公布《关于修改上市公司现金分红若干规定的决定》，并公开征求意见，鼓励上市公司建立长期分红政策，进一步完善推动上市公司回报股东的现金分红制度
2008-08-28	证监会出台上市公司大股东增持新规
2008-09-15	央行宣布除工、农、中、建、交、邮储银行暂不下调外，其他存款类金融机构人民币存款准备金率下调 1 个百分点，汶川地震重灾区地方法人金融机构存款准备金率下调 2 个百分点

（续）

时 间	政策和事件
2008-09-16	年内第一次下调贷款基准利率
2008-09-19	证券交易印花税由双边征收改为单边征收，税率保持1‰
2008-09-23	汇金通过股市增持三大银行股，支持国有重点金融机构稳健经营发展，稳定国有商业银行股价
2008-10-05	证监会宣布正式启动融资融券试点工作
2008-10-08	年内第二次调降存贷款基准利率；下调存款类金融机构人民币存款准备金率
2008-10-27	央行决定自10月27日起，将商业性个人住房贷款利率的下限扩大为贷款基准利率的0.7倍；最低首付款比例调整为20%。下调个人住房公积金贷款利率
2008-10-30	中国银监会发布第一批巴塞尔新资本协议实施监管指引，为确保2010年年底巴塞尔新资本协议如期实施奠定了基础；央行第三次调降存贷款利率
2008-11-05	国务院出台进一步扩大内需、促进经济增长的十项措施，预计总投资约需4万亿元
2008-11-18	中国正式加入泛美开发银行集团
2008-11-26	年内第四次调降存贷款基准利率；下调存款准备金率
2008-11-28	中共中央政治局会议将"保增长、扩内需、调结构"定调为下一年经济工作的主要任务，要求继续实施积极的财政政策和适度宽松的货币政策
2008-12-03	国常会进一步提出通过完善配套政策措施和创新体制机制，调动商业银行增加信贷投放的积极性，要求创新融资方式，多种形式拓宽企业融资渠道，并提出加大财税政策支持力度，发挥财政资金的杠杆作用，增强金融业化解不良资产和促进经济增长的能力
2008-12-08 ～ 2008-12-10	中央经济工作会议提出了2009年经济工作的重点任务：加强和改善宏观调控，实施积极的财政政策和适度宽松的货币政策。巩固和发展农业农村经济好形势，保障农产品有效供给、促进农民持续增收。加快转变发展方式，推进经济结构战略性调整。深化改革开放，完善有利于科学发展的体制机制。着力解决涉及群众利益的难点热点问题，切实维护社会稳定
2008-12-13	国务院出台《关于当前金融促进经济发展的若干意见》（即金融促进经济发展30条）
2008-12-16	国家开发银行股份有限责任公司正式挂牌成立
2008-12-22	年内第五次调降存贷款基准利率；下调中央银行再贷款、再贴现利率；下调金融机构人民币存款准备金率
2009-01 ～ 2009-02	国务院陆续通过了汽车、钢铁、纺织、装备制造、造船、石化、轻工、电子信息、有色金属和物流业等十大产业振兴规划，涵盖了解决就业、产业技术升级和结构调整等诸多方面
2009-02-12	央行公布的金融数据显示，1月份人民币贷款大幅增加1.62万亿元，同比多增8 141亿元。1月的天量新增信贷成为宽松信贷政策的开端，直至8月初央行提及"动态微调"为止

（续）

时　间	政策和事件
2009-03-05	温家宝总理在政府工作报告中指出，国务院同意地方发行2 000亿元债券，由财政部代理发行，列入省级预算管理。2009年我国首次在全国范围内发行地方政府债券
2009-05-01	《首次公开发行股票并在创业板上市管理暂行办法》正式实施
2009-05-12	证监会颁布《关于基金管理公司开展特定多个客户资产管理业务有关问题的规定》，对"一对多"专户理财业务的投资者参与门槛、资产管理计划的设立条件、资产管理计划的销售方式以及开放参与和退出频率等做出明确规定
2009-05-19	国常会研究部署鼓励汽车、家电"以旧换新"政策措施。会议决定，中央财政共安排70亿元专项资金用于刺激汽车、家电消费
2009-05-25	国务院批转2009年深化经济体制改革工作意见，提出：加快研究鼓励民间资本进入石油、铁路、电力、电信、市政公用设施等重要领域的相关政策，带动社会投资；要求财政部、税务总局、发改委、住房和城乡建设部四部委深化房地产税制改革，研究开征物业税
2009-06-10	证监会正式公布和实施《关于进一步改革和完善新股发行体制的指导意见》，在新股发行新方案中提出四大改革措施
2009-06-12	中国平安发布公告，与深发展达成《股份认购协议》和《股份购买协议》，平安将认购深发展定向增发的至少3.7亿但不超过5.85亿股新股。另外，平安将在2010年12月31日前收购目前深发展第一大股东新桥投资所持有的深发展16.76%的股份（增发前）。本次事件创下有史以来A股市场金额最大的金融机构并购交易
2009-06-18	A股市场IPO在暂停9个月后重启，首单落定为中小板公司。桂林三金成为自2008年9月以来第一家获准新股发行的公司。自此开启了2009年天量融资的序幕
2009-08-26	国常会研究部署抑制部分行业产能过剩和重复建设，引导产业健康发展
2009-09-08	财政部和香港特别行政区政府联合发布公告，中央政府将于9月28日在中国香港地区发行60亿元人民币国债。这是我国政府首次在内地以外地区发行人民币国债
2009-10-30	创业板板块在深圳证券交易所主板市场内设立，首批28只股票齐发，刷新了中国股市多股齐发的历史纪录
2009-12-14	国务院明确房地产市场调控重点，遏制部分城市房价过快上涨的势头
2009-12-24	央行定调2010年货币政策：引导金融机构均衡放款，避免过大波动，并严格控制对"两高"行业、产能过剩行业以及新开工项目的贷款
2010-01-15	央行发布《2009年12月金融统计数据报告》，报告显示2009年全年人民币各项贷款增加9.59万亿元

资料来源：公开资料，兴业证券经济与金融研究院。

附录 E

2013 ~ 2015 年重要政策和事件

时　　间	政策和事件
2013-01-16	国务院印发《国家重大科技基础设施建设中长期规划（2012 ~ 2030 年）》，确定了七大科学领域重点
2013-01-19	国务院印发《关于深化科技体制改革加快国家创新体系建设的意见》
2013-01	中国人民银行宣布启用公开市场短期流动性调节工具 SLO，以及创设"常备借贷便利" SLF，为市场提供流动性支持
2013-02-26	国务院办公厅发布《国务院办公厅关于继续做好房地产市场调控工作的通知》，房价进入下行周期
2013-03-13	中国人民银行印发《关于合格境外机构投资者投资银行间债券市场有关事项的通知》（银发〔2013〕69 号），允许符合条件的合格境外机构投资者（QFII）向中国人民银行申请投资银行间债券市场
2013-04-18	习近平总书记在全国科学技术大会上指出，建设创新型国家，核心就是把增强自主创新能力作为调整产业结构、转变增长方式的中心环节，作为发展科学技术的战略基点
2013-06	金融体系发生"钱荒"，国有银行和股份制银行的票据贴现为 8.15%，而城商行的票据贴现是 8.5%
2013-07-20	中国人民银行决定全面放开金融机构贷款利率管制：取消金融机构贷款利率 0.7 倍的下限；取消票据贴现利率管制；对农村信用社贷款利率不再设立上限；个人住房贷款利率浮动区间暂不作调整

（续）

时　间	政策和事件
2013-08	上海自贸区正式获批
2013-11-15	中央发布《中共中央关于全面深化改革若干重大问题的决定》，中国深化体制改革全面启动
2013-11-30	证监会发布了《关于进一步推进新股发行体制改革的意见》
2013-12-04	工信部正式向三大运营商发布4G牌照，中国移动、中国电信和中国联通均获得TD-LTE牌照
2013-12-19	美联储利率决议宣布每月850亿美元的购债规模缩减100亿美元，至750亿美元，美联储开始逐步退出QE
2013年	全年停发IPO
2014-01-08	IPO在时隔一年多后正式重启，优先股试点办法出台
2014-02-19	国企改革混合所有制改革破冰。中石化宣布，公司将启动油气销售业务重组，引入民资实行混合所有制
2014-03-24	国务院发布《关于进一步优化企业兼并重组市场环境的意见》，从行政审批、交易机制等方面进行梳理，发挥市场机制作用，全面推进并购重组市场化改革
2014-04-10	中国证监会、香港证券及期货事务监察委员会决定原则批准上海证券交易所、香港联合交易所有限公司、中国证券登记结算有限责任公司、香港中央结算有限公司开展沪港股票市场交易互联互通机制试点；证监会指出，沪港通总额度为5 500亿元人民币
2014-04-22	中国人民银行决定从4月25日起下调县域农村商业银行人民币存款准备金率2个百分点，下调县域农村合作银行人民币存款准备金率0.5个百分点
2014-05-09	国务院发布了《关于进一步促进资本市场健康发展的若干意见》。"新国九条"的发布表明决策层对资本市场改革发展顶层设计的高度重视，这也是资本市场从熊转牛的重要标志性事件。自此，股票发行注册制、沪港通试点、退市制度、并购重组、新三板等一系列改革措施引领资本市场生态格局推陈出新
2014-06	由于美国页岩油产量迅速增长，OPEC拒绝减产，且美国对伊朗的经济制裁解除，原油需求增速放缓，国际油价开始下跌
2014-07-15	国资委宣布了首批四项改革试点企业名单，如中国医药集团总公司、中国建筑材料集团公司进行发展混合所有制经济试点
2014-07	政府宣布沪港通在11月开通，海外资金入市预期增强
2014-11-17	沪港股票市场交易互联互通机制试点正式启动
2014-11	《上市公司重大资产重组管理办法》的修订提升并购效率；提出"一带一路"的新国家倡议，发起建立亚投行和设立400亿美元的丝路基金；券商股行情启动，A股正式进入大牛市
2014年	人民币合格境外机构投资者（RQFII）试点已扩大至10个国家（地区），包括：中国香港、中国台湾、英国、新加坡、法国、韩国、德国、卡塔尔、加拿大和澳大利亚，总投资额度为8 700亿元人民币
2015-03-05	第十二届人民代表大会第三次会议中"互联网＋"行动正式开启

（续）

时　间	政策和事件
2015-06-13	证监会发布消息，要求证券公司对外部接入进行自查并清理场外配资
2015-06-15	当周新一轮25只新股集中发行，IPO加速扩大供给，本轮新股发行冻结资金总量创2014年IPO重启以来新高，达到6.7万亿元人民币
2015-06-15～2015-07-08	由于场外配资清理、场内融资和分级基金去杠杆形成连锁反应，股市开启了暴跌模式，短短17个交易日，上证综指大跌35%，创业板指大跌43%，两市一半的股票跌幅超过50%
2015-06	融资融券余额达到历史峰值2.27万亿元
2015-07	中央决定采取救市政策，包括允许养老金入市、拨发救市资金入市，为基金公司和证券公司提供流动性；政策上的调整包含合理调整融资的平仓线和预警线等措施来为融资盘解决流动性；暂停IPO；限制央企减持股份并鼓励公司高管和实际控制人增持；抑制过度投机，打击恶意做空；货币政策方面则采取了降息0.25个百分点以及定向降准等措施
2015-08-17	全球股市同时崩盘式下跌
2015-10	通过"十三五"规划，着力推进供给侧结构性改革；提出去产能、去库存、去杠杆、降成本、补短板五大任务
2015-11	中央财经领导小组第十一次会议，首次提出供给侧改革

资料来源：Wind，兴业证券经济与金融研究院。

兴业证券策略研究团队所获荣誉

2020年"新财富"最佳分析师策略研究第三名，"金牛奖"最具价值金牛分析师，首届21世纪金牌分析师策略研究第三名，新浪"金麒麟"最佳分析师策略研究第四名，《上海证券报》最佳投资策略分析师第五名，iFinD 2020年度最具影响力分析师。

2019年"新财富"最佳分析师策略研究第三名，首届上证报最佳投资策略分析师第二名，并摘得全国唯一的"最受银行客户认可行研分析师"大奖，《投资时报》金禧奖"2019金融业杰出青年"，第一届新浪金麒麟最佳策略分析师第三名，"水晶球奖"最佳策略分析师第四名。

2018年"金牛奖"最具价值金牛分析师，"第一财经年度最佳卖方分析师"策略第一名，"水晶球奖"最佳策略分析师第二名。

2017年"新财富"最佳分析师策略研究第三名，中国保险资产管理业年度最受欢迎卖方分析师IAMAC奖策略研究第二名，中国证券业"金牛分析师奖"投资策略研究第四名，"水晶球奖"最佳策略分析师第五名，"第一财经年度最佳卖方分析师"策略第五名。

2016年中国保险资产管理业年度最受欢迎卖方分析师IAMAC奖第二名，中国证券业"金牛分析师奖"投资策略研究第四名。

2015年"新财富"最佳分析师策略研究第四名，中国证券业"金牛分析师奖"投资策略研究第五名，"第一财经年度最佳卖方分析师"策略第一名，中国保险资产管理业年度最受欢迎卖方分析师IAMAC奖第一名。

2014 年"新财富"最佳分析师策略研究第一名，"水晶球奖"最佳策略分析师第一名，中国证券业"金牛分析师奖"投资策略研究第一名，中国保险资产管理业年度最受欢迎卖方分析师 IAMAC 奖第一名。

2013 年"新财富"最佳分析师策略研究第一名，"水晶球奖"最佳策略分析师第二名，"第一财经年度最佳卖方分析师"策略第三名。

2012 年"新财富"最佳分析师策略研究第三名，"水晶球奖"最佳策略分析师第四名，中国证券业"金牛分析师奖"投资策略研究第五名，"第一财经年度最佳卖方分析师"策略第二名。

2011 年"新财富"最佳分析师策略研究第一名，"水晶球奖"最佳策略分析师第二名，中国证券业"金牛分析师奖"投资策略研究第二名。

资 本 的 游 戏

书号	书名	定价	作者
978-7-111-62403-5	货币变局：洞悉国际强势货币交替	69.00	（美）巴里.艾肯格林
978-7-111-39155-5	这次不一样：八百年金融危机史（珍藏版）	59.90	（美）卡门M.莱茵哈特 肯尼斯S.罗格夫
978-7-111-62630-5	布雷顿森林货币战：美元如何统治世界（典藏版）	69.00	（美）本·斯泰尔
978-7-111-51779-5	金融危机简史：2000年来的投机、狂热与崩溃	49.00	（英）鲍勃·斯瓦卢普
978-7-111-53472-3	货币政治：汇率政策的政治经济学	49.00	（美）杰弗里 A. 弗里登
978-7-111-52984-2	货币放水的尽头：还有什么能拯救停滞的经济	39.00	（英）简世勋
978-7-111-57923-6	欧元危机：共同货币阴影下的欧洲	59.00	（美）约瑟夫 E.斯蒂格利茨
978-7-111-47393-0	巴塞尔之塔：揭秘国际清算银行主导的世界	69.00	（美）亚当·拉伯
978-7-111-53101-2	货币围城	59.00	（美）约翰·莫尔丁 乔纳森·泰珀
978-7-111-49837-7	日美金融战的真相	45.00	（日）久保田勇夫

投 资 与 估 值 丛 书

书号	书名	定价
978-7-111-62862-0	估值:难点、解决方案及相关案例	149.00
978-7-111-57859-8	巴菲特的估值逻辑:20个投资案例深入复盘	59.00
978-7-111-51026-0	估值的艺术:110个解读案例	59.00
978-7-111-62724-1	并购估值:构建和衡量非上市公司价值(原书第3版)	89.00
978-7-111-55204-8	华尔街证券分析:股票分析与公司估值(原书第2版)	79.00
978-7-111-56838-4	无形资产估值:如何发现企业价值洼地	75.00
978-7-111-57253-4	财务报表分析与股票估值	69.00
978-7-111-59270-9	股权估值	99.00
978-7-111-47928-4	估值技术	99.00

大投机家科斯托拉尼精选集

金钱传奇：科斯托拉尼的投资哲学

作者: (德) 安德烈·科斯托拉尼 ISBN: 978-7-111-59686-8 定价: 59.00元

证券投机的艺术

作者: (德) 安德烈·科斯托拉尼 ISBN: 978-7-111-54560-6 定价: 59.00元

证券投资课

作者: (德) 安德烈·科斯托拉尼 ISBN: 978-7-111-59592-2 定价: 59.00元

证券投资心理学

作者: (德) 安德烈·科斯托拉尼 ISBN: 978-7-111-56618-2 定价: 49.00元